예수그리스도 안에 있는 지체로
총체적 치유를 응답으로 누리는
당당하고 매력적인 그리스도인

2025. 4. 부활의 날에
김 O O 전목사.

더 위즈덤 메시지

THE WISDO

더 위즈덤 메시지

김서권

HIM BOOKS

더 위즈덤 메시지
The Wisdom Message

Jews demand miraculous signs and Greeks look for wisdom, but we preach Christ crucified: a stumbling block to Jews and foolishness to Gentiles, but to those whom God has called, both Jews and Greeks, Christ the power of God and the wisdom of God.

1 Corinthians 1:22~24

유대인은 표적을 구하고 헬라인은 지혜를 찾으나 우리는 십자가에 못 박힌 그리스도를 전하니 유대인에게는 거리끼는 것이요 이방인에게는 미련한 것이로되 오직 부르심을 받은 자들에게는 유대인이나 헬라인이나 그리스도는 하나님의 능력이요 하나님의 지혜니라

고린도전서 1장 22~24절

프롤로그

거대한 로마 권력이 유대를 억압했을 때
종교 지도자들은 로마의 그림자 아래 기득권을 움켜쥐고
사사건건 예수께 시비를 걸며 모략을 꾸몄고

끝내 예수님을 십자가에 못 박아 버렸다.

그러나 예수님은
마침내 어둠의 휘장을 위아래로 찢어버리고
사망의 무덤에서 일어나 부활하셨다.

예수님은 우리의 히스토리를
*BC와 AD로 명징하게 가르셨다.

그리고 오늘,
혼돈과 공허와 흑암이 뒤덮은 이 시대
여전히 역동적인 지혜의 메시지로 답하신다.

혼탁한 시대마다
세상은 교회를 향해 길을 물었다.

진리를 외면한 교회의 스탠스는 둘 중 하나다.

정치 세력과 야합하여 극단으로 치닫거나
'기도해보자'는 부드러운 말, 관용을 가장한 침묵으로
한 발 뒤로 물러서거나.

예수님은 목숨이 걸린 상황에서도
애매한 말로 문제를 피해가거나
현란한 말로 인기에 연연하지 않으셨다.

헤롯 성전에서
장사꾼과 결탁하여 탐욕과 우상의 신전을 세운 자들을 향해
예수님은 분노하셨고,
채찍을 휘둘러 상을 쪼개고 엎어버리셨다.

믿음은 동사다.
믿음은 움직인다.

행동하지 않는 믿음은
무너진 성전의 돌무더기와 다르지 않다.

불의와 불법과 불공정을 보면서도
'선택 유보'라는 말로 성도를 기만하는 것.
그것은 교회의 쇠락을 자초하는 비겁한 행위다.

차지도 덥지도 않은 교회를
하나님은 뱉어버리신다.

교회는 비진리와 동맹을 맺을 수 없다
빛과 어둠은 결코 사귈 수 없기 때문이다.

목사이기 이전에,
이 시대를 살아가는 그리스도인으로서
예수님의 시선으로 이 시대를 보고 읽고 해석하는
성경적 시대 정신을 성도들에게 불어넣고 싶다.

이 책의 지면을 빌어
내가 걷는 복음의 여정에 흔쾌히 동행해주는
예수사랑가족들에게 사랑과 감사를 전한다.

2025년, 4월 바람부는 날 오후, 김서권

---

*BC : Before Christ, '그리스도 이전'이라는 뜻으로서 예수님의 출생 이전 연도
*AD : Anno Domini, '주, 그리스도 안에서'라는 뜻으로서 예수님의 출생 이후 연도

차례

프롤로그 _ 7

A - THE WISDOM

1. 세상의 것과 하나님의 것을 분별하는 예수님의 통찰력 _ 15
2. 하나님 나라의 유업이 되는 재물과 장애물이 되는 재물 _ 21
3. 강자의 탐욕은 벌하고 약자의 중심을 칭찬하신 예수님 _ 25
4. 형식주의, 외식주의를 경계하라는 예수님의 교훈 _ 30
5. 개인과 가문의 문제를 해결하신 예수님 _ 36
6. 이혼에 관한 바리새인의 사악한 질문 _ 46
7. 통제 불능의 자녀를 치유하는 예수님의 선포기도 _ 61
8. 어린아이를 안고 안수해 주시는 예수님의 사랑 _ 76
9. 예수님이 걸어가신 십자가의 길 _ 82
10. 예수님이 주신 첫째 계명 _ 89
11. 이 세상 지식으로는 이해할 수 없는 예수님의 부활 _ 93

B - THE CHRIST

1. 다윗 왕이 주라 칭한 그리스도, 그 이름 _ 105

2. 전통과 규례를 초월하는 그리스도 _ 111

3. 그리스도의 유일성을 체험하는 변화산의 축복 _ 146

4. 그리스도의 섬김의 도 _ 153

5. 그리스도 안에서만 실천가능한 겸손과 섬김의 도 _ 159

6. 그리스도 안에서만 가능한 복음적 누림 _ 173

7. 종교 사상이 무시하고 버린 코너스톤, 예수 그리스도 _ 177

8. 성전의 거룩함을 변질시키는 종교적 물신주의 _ 186

9. 그리스도의 권위에 도전하는 종교사상 _ 199

10. 그리스도 이름을 빙자한 미혹의 영 _ 207

11. 이기적 종교인의 곁을 떠나시는 예수 그리스도 _ 215

12. 호산나, 예수 그리스도의 승리를 찬양하라 _ 219

13. 다시 오실 우리 주, 예수 그리스도의 권능과 영광 _ 227

편집장의 글 _ 238

A

THE WISDOM
하나님의 지혜

세상의 것과 하나님의 것을 분별하는 예수님의 통찰력

하나

원색적인 복음이 빠진 교권과 정치적 탐욕이 결탁하여, 무속과 주술에 엮이면 어떻게 무너지는지, 이 시대를 보십시오.

에서의 후손, 에돔의 자식들은 전쟁을 일으켜 스스로 왕이 되려고 하고, 헤롯 당원과 바리새인들은 기득권을 지키려고 로마에 빌붙어 창세기 3장 15절의 약속대로 오신 메시아, 예수 그리스도를 모함하고 이간질하여 죽이려고 하였습니다.

세상 풍습을 따라 진노의 자녀로 살아가는 자들에게 미혹되지 마십시오. 천하만국을 보여주는 마귀의 유혹에 걸려들지 않기 위해서는 하나님이 주신 왕권으로 사탄의 머리를 깨뜨리는 영적인 힘을 가져야 합니다.

하나님은 양의 우리 안에서 다윗을 취하여 왕으로 삼으시고 하나님의 소유인 이스라엘을 기르게 하셨습니다. 다윗 왕은 마음의 완전함과 손의 공교함으로 하나님의 백성들을 지도하였습니다.

다윗 왕처럼 지성과 감성, 영성을 소유하면 가이사의 것과 하나님의 것을 분별하는 통찰력이 옵니다. 그러나 세상의 것과 하나님의 것을 구별하지 못하면 하나님은 토하여 버리십니다.

예수 그리스도께서 사망의 고통을 풀어버리셨습니다. 예수 그리스도께서 질병과 가난과 무능을 끊어버리셨습니다. 입술에 기름 부어 어디에 있든지 무엇을 하든지 예수님이 그리스도이심을 노래하십시오.

예수 그리스도 이름을 힘입어 고질적인 것, 병든 것, 약한 것, 옛것을 버리고 새롭게 출발하면, 영원한 응답이 시작되었음을 확인하게 됩니다.

에베소서 2장 1~2절, 시편 78편 70~72절, 요한계시록 3장 16절

둘

머리가 나쁘면 부끄러운 줄도 모르고, 잔머리로 음모를 꾸미다가 자가당착에 빠져 스스로 멸망합니다. 로마의 속국인 이스라엘의 기득권 계층이면서 동시에, 종교 지도자였던 헤롯 당원과 바리새인들은 예수님을 모함하여 죽이려고 음모를 꾸몄습니다.

가식으로 포장한 그들은 예수님을 향하여 '당신은 참되시고 거리끼는 일이 없으시며 진리로 하나님의 도를 가르치시니' '가이사에게 세금을 바치는 것이 옳은지 옳지 않은지'를 질문하였습니다. 하나님께 바치라고 하면 로마법에 반역하는 정치범으로 몰아서 죽이려 하였고, 가이사에게 바치라고 하면 예수님을 이스라엘의 구원자가 아닌, 로마의 앞잡이로 모함하려 하였습니다.

그러나 예수님은 외식주의자들의 질문 속에 숨겨진 칼날을 아시고 가이사의 형상이 새겨진 데나리온 하나를 가져오게 하시고는, '이 형상과 이 글이 누구의 것이냐'고 물으신 후 '가이사의 것은 가이사에게, 하나님의 것은 하나님께 바치라'고 말씀하셨습니다.

시기와 질투, 열등감과 비교의식을 버리고 하나님의 자녀로서 신분과 권세부터 회복하여 하나님의 것과 세상의 것을 분별하는 통찰력을 가져야 합니다.

예수님의 통찰력을 소유하면 세상의 질서를 존중하여 가이사의 것은 가이사에게 주어서 이 사회를 풍요롭게 하고, 하나님의 법에 따라 하나님의 것은 하나님께 드림으로써 하나님 나라의 지경을 넓히는 당당하고 매력적인 그리스도인이 됩니다.

마가복음 12장 13~17절, 고린도후서 4장 4절, 사도행전 1장 8절

셋

우리가 시작할 때 확신한 것을 끝까지 견고히 잡고 그리스도와 함께 참여하여 그리스도와 함께 동행하십시오. 첫사랑을 잃어버리지 않아야 합니다.

주 예수 그리스도와 동행하는 우리에게 창조주 하나님은 그리스도 안에서 하늘에 속한 모든 신령한 복을 주셨습니다.

총체적 치유를 응답으로 누리는 매력적인 그리스도인은 어둠에 다니지 않고, 그리스도의 빛 가운데 걸어가는 멋진 하나님의 자녀입니다.

하나님이 주신 새 날들 가운데 하나님 나라의 아름다운 덕을 선포하는 하나님의 대사로 출발하십시오.

왕 같은 제사장으로 택하심을 받았다면 하나님이 주신 왕의 권세를 사용하여 우리의 심령을 빼앗고 죽이는 마귀의 일을 멸해야 합니다.

제사장의 직분을 받았다면 하나님과 우리 사이를 화목하게 하신 예수 그리스도의 섬김을 본받아 육신의 생각을 벗어버리고 화목케 하는 사명을 다하십시오.

우리 안에서 순간순간 일어나는 불신앙, 환경으로부터 오는 불안과 두려움, 가문으로부터 내려오는 조상 죄, 마귀적 DNA를 예수 그리스도 이름으로 깔끔하게 즉각즉각 내어쫓으면 총체적 치유의 표징이 임하게 됩니다.

부활하신 예수 그리스도의 명령을 기억하여 온 천하 만민에게 다니며 복음을 전파하십시오.

그리하면 하나님은 보좌에서 우리와 함께 일하심으로 예수 그리스도 이름으로 귀신을 쫓아내며 새 방언을 말하며 뱀을 집어올리며 무슨 독을 마실지라도 해를 받지 아니하며 병든 사람에게 손을 얹은즉 나음이 있는 증거를 주십니다.

히브리서 3장 14절, 베드로전서 2장 9절, 마가복음 16장 15~20절, 에베소서 1장 3절

하나님 나라의
유업이 되는 재물과
장애물이 되는 재물

하나

재물이 많은 부자여서 구원을 못 받는 것이 아니고 가난하다고 해서 하나님이 무조건 구원해 주시는 것도 아닙니다.

율법도 잘 지키고 윤리적으로도 깨끗한 부자 청년에게 예수님은 '네게 아직도 한 가지 부족한 것이 있으니 가서 네게 있는 것을 다 팔아 가난한 자들에게 주라 그리하면 하늘에서 보화가 네게 있으리라 그리고 와서 나를 따르라'고 말씀하셨습니다.

하나님 나라의 유업이 되는 재물과 하나님 나라에 들어가는 데 장애물이 되는 재물을 구별할 수 있는 분별력을 가져야 합니다.

예수님을 찾아온 부자 청년은 윤리, 율법, 도덕은 잘 지켰지만 스스로 의롭게 살았다는 교만함과 재물을 쌓아놓고 나누려 하지 않는 욕심 때문에 구원의 주, 예수 그리스도를 알아보지 못하고 근심하며 예수님 곁을 떠나버렸습니다.

인생의 주인을 재물에 두지 말고 예수 그리스도로 주인을 바꿔야 합니다. 하나님의 부르심에 응답하여 구원을 받으면 검은 동기 없이 자신의 재물을 나눌 수 있습니다. 올바른 헌금관과 경제관을 가지고 순전한 마음으로 재물을 나누어 하나님이 원하시는 그날, 그곳에 사용해 보십시오.

그리스도의 성령을 마시고 충만하여 영혼 구원 사역에 재물을 드리면 그 배에서 생수의 강이 넘쳐흐르고 낙타가 바늘구멍에 들어갈 만큼, 크고 놀랍고 엄청난 기적을 체험하게 됩니다.

마가복음 10장 17~31절, 요한복음 7장 38절

둘

쌓아놓은 재물과 높아진 권력으로 하나님의 자리에서 남을 핍박하지 말고 하나님이 주신 구원부터 받읍시다.

아브라함은 엄청난 재물을 응답으로 받고도 하나님의 도성을 바라보며 장막에 거하였습니다.

자신의 것을 챙기고 쌓으며 살아가는 사람은 어느 날 사망이 쏘는 불화살에 맞게 됩니다. 쌓아놓은 재물 때문에 하나님의 나라에 들어갈 수도 없고 예수님을 따라갈 수도 없다면 이것이 곧 재앙입니다.

과거에 대한 죄의식, 현재의 연약함, 미래에 다가올 비극적인 일까지도 해결하실 분은 오직 예수 그리스도십니다. 과거, 현재, 미래의 문제를 해결 받은 것이 구원입니다. 영원한 하나님의 나라를 위하여 영혼 구원하는 데 재물을 심으면 내일 일을 염려할 필요가 없고 오늘의 괴로움도 오늘로 끝납니다. 영원하신 하나님은 우리를 지키시고 보호하시며 부요함을 주십니다.

모태에서 짓기 전에 우리를 알았고 배에서 나오기 전에 우리를 구별하신 하나님은 우리를 여러 나라의 선지자로 세우셨으니 우리의 산업과 재물을 영혼 구원에 사용하는 것이 우리의 사명입니다.

마태복음 6장 33~34절, 예레미야 1장 4~5절

강자의 탐욕은 벌하고
약자의 중심을
칭찬하신 예수님

하나

종교라는 이름으로 약자의 것을 약탈하는 강자의 탐욕은 하나님 앞에서 죄악을 저지르는 것입니다. 약자의 재물과 생명을 빼앗는 탐욕은 하나님의 공의를 무너뜨리는 사탄의 행위입니다. 사탄의 미혹을 받으면 몸이 병들고 재물은 날아갑니다.

예수님은 긴 옷을 입고 다니며 시장에서 문안 받는 것을 좋아하고 회당의 높은 자리와 잔치의 윗자리를 원하는 서기관들을 보시고 과부의 가산을 삼켜 배를 불리고, 외식으로 길게 기도하는 자들이니 그들을 멀리하라고 경고하셨습니다.

외식하는 서기관, 종교인들은 예수님 바깥의 사람들입니다. 그들과 같이 위선의 탈을 쓴 사탄의 꼭두각시로 살지 마십시오. 예수님은 우리의 행위를 보고 계십니다.

좁은 문으로 들어가십시오. 탐욕의 문은 크고, 들어가는 자는 많으나 결국은 멸망으로 향하게 됩니다. 권력과 재물을 영혼 구원에 쓰고 있는지 약자를 위해 쓰고 있는지 점검해 보아야 합니다.

예수님은 과부의 두 렙돈을 격려하시고 칭찬하셨습니다. 예수님이 칭찬하신 것은 과부가 낸 헌금이 아니었습니다. 자신의 삶을 책임져 주실 분은 주 예수 그리스도 밖에 없다는 결론을 내리고 모든 소유를 헌금함에 넣은, 그 믿음을 칭찬하신 것입니다.

강자의 탐욕은 벌하시고 약자의 중심을 칭찬하시는 예수 그리스도를 기억하면 고아의 아버지, 과부의 재판장이신 여호와 하나님, 예수 그리스도께서 정의를 물같이, 공의를 마르지 않는 강같이 흐르게 하십니다.

마가복음 12장 38~44절, 마태복음 17장 3절, 시편 68편 5절, 아모스 5장 24절

둘

하나님은 약속하셨습니다. 다윗의 동네에 나신 우리 구주, 그리스도 안에 있으면 시간이 지날수록 반드시 증거가 온다는 것을.

피한다고 피할 수 없고, 막는다고 막을 수 없는 영적인 문제는 창세 전부터 있었던 그리스도, 복음이 아니고는 해결할 길이 없습니다.

하나님이 영세 전에 우리를 위해 감추어 놓으신 그리스도는 어제나 오늘이나 영원토록 동일하시며 하나님을 찬송할 수밖에 없는 하나님의 표적이십니다.

근본 문제는 근본을 바꿔야 해결됩니다. 그리스도 이름으로 근본을 바꾸면 평화가 임하게 됩니다.

평화의 왕으로 오신 우리 주, 예수 그리스도 그 이름을 부르십시오. 영적인 눈을 떠야만 그리스도, 그 이름을 불러야 할 이유를 알게 됩니다.

영적인 눈이 닫혀서 그리스도 이름을 부르지 않으면 온 천하를 꾀는 자, 흑암 세력, 마귀가 찾아와서 자녀들을 땅에 메어치며 돌 위에 돌 하나 남기지 아니하고 성전을 무너뜨립니다.

창세기 3장 15절의 메시아, 그리스도 이름을 가장 잘 부른 아브라함은 여호와 하나님이 그를 의로 여기시고 하늘의 별과 같이 바닷가의 모래알 같이 번성케 하심으로 복의 근원이 되어 대적의 문을 취하였습니다.

예수 그리스도, 그 이름을 부르지 않으면 동방의 의인 욥이라도 두려워하는 그것과 무서워하는 그것이 몸에 임하여 형벌이 따라옵니다.

예수 그리스도, 그 이름을 부르면 연약하여 실수해도 그리스도의 긍휼이 임하고 성삼위 하나님, 보혜사 성령 하나님의 보호 안에서 화목함이 영원까지 이르게 됩니다.

우리가 연약할 때, 아직 죄인되었을 때, 하나님과 원수되었을 때, 그리스도께서 우리를 위해 기약대로 죽으심으로 우리에 대한 사랑을 확증하시고 하나님과 더불어 화목하게 하셨습니다.

간교한 뱀의 머리를 밟으신 창세기 3장 15절의 그리스도 이름을 부르십시오. 그리하면 하나님은 유대인이나 헬라인이나 차별없이 부요케 하십니다.

누가복음 2장 11~14절, 19장 38~44절, 로마서 16장 25절, 창세기 22장 17절,
욥기 3장 25절, 요한일서 4장 18절, 로마서 10장 12절, 요한복음 14장 26~27절,
로마서 5장 6, 8, 10절

형식주의,
외식주의를
경계하라는
예수님의 교훈

하나

예수님이 우리에게 중요하게 말씀하신 것은, 영적인 무지에 빠져 율법과 제도와 전통에 갇혀 있는 바리새인의 누룩과 헤롯의 누룩을 조심하라는 것입니다.

누룩이 들어가면 반죽이 부풀듯이, 그리스도 안에서의 기쁨과 찬양이 누룩처럼 들어가면 하나님의 은혜 안에서 두고두고 변화의 역사가 일어납니다. 그러나 바리새인의 누룩이 들어가면 형식주의와 외식주의에 빠지게 됩니다. 정사와 권세 잡은 헤롯의 누룩이 들어가면 제도와 법도로 예수님을 십자가에 매달아 죽일 만큼 잔인해져서, 그 자녀들에게 재앙과 저주가 임하는 심각한 문제를 마주하게 됩니다.

경건의 모양만 가지고 경건의 능력을 부인하는 형식주의자, 외식주의자들에게서 돌아섭시다. 우리가 확실히 알아야 할 것은 우리가 십자가에 못 박은 예수님을 하나님은 우리의 주와 그리스도가 되게 하셨다는 것입니다.

틀린 생각으로 틀린 질문 속에서 십자가를 바라보며 울지 마십시오. 미련한 이들은 십자가의 능력을 부인하지만 우리에게는 하나님의 능력이 그리스도의 십자가입니다.

눈에 보이지 않는 흑암세력을 우리 힘으로는 이길 수 없지만, 그리스도의 십자가 권세 안에는 우리의 마음과 생각대로 되지 않았던 지긋지긋한 문제들이 풀리고 해결되는 응답이 들어있습니다.

하나님의 말씀은 살았고 운동력이 있어 우리 영혼을 변화시키는 원천이 들어있습니다. 말씀이 육신이 되어 우리에게 오신 분이 예수 그리스도이십니다. 예수 그리스도 이름으로 바리새인의 누룩과 헤롯의 누룩을 뽑아버리면 은혜와 진리로 충만해집니다.

마가복음 8장 14~21절, 고린도전서 1장 18절, 사도행전 2장 36절, 디모데후서 3장 5절, 히브리서 4장 12절, 요한복음 1장 14절

둘

예수 그리스도의 비밀을 소유한 그리스도인의 삶이 곧, 순례자의 삶입니다.

하나님이 우리에게 주신 예수 그리스도, 그 이름의 권세를 사용하여 나쁜 누룩으로 부풀어진 형식주의와 외식주의를 제거할 때 우리는 비로소 올바른 순례자의 여정을 갈 수 있습니다.

순례자의 여정을 가는 동안 하나님의 말씀을 기억하고 기도로 연결하면 변화의 역사, 거듭남의 역사, 무한하고 놀라운 하나님의 역사를 체험하게 됩니다.

창세기 3장에 출현한 사탄의 간교한 전략은 진리의 길에서 이탈하게 하는 것입니다. 육신의 정욕, 안목의 정욕, 이생의 자랑에 빠져 제멋대로 예배드리면서 하나님의 자리에 앉아 영적인 방식이나 도덕적인 방식으로 서로를 괴롭혀 인간관계를 혼탁하게 만드는 창세기 3장의 아성에서 벗어나는 길은 오직 창세기 3장 15절, 메시아 그리스도밖에 없습니다.

예수 그리스도를 알고 믿는 것이 신앙생활의 핵심입니다.

성전 미문에 무기력하게 앉아 있는 앉은뱅이를 향하여 예수 그리스도 이름으로 일어나 걸으라고 외쳤던 사도 베드로와 초대교회 제자들은 예수 그리스도, 그 이름 외에는 천하에 구원 얻을 다른 이름이 없음을 선포하였습니다.

길과 진리이며 생명이신 예수 그리스도의 절대성, 당위성, 유일성으로 결론 내린 그리스도인의 길이 곧, 순례자의 여정입니다.

요한일서 2장 16절, 사도행전 3장 6절, 4장 12절, 요한복음 14장 6절

셋

영적인 눈을 열어서 우리의 삶을 파괴하는 나쁜 누룩을 볼 수 있어야 합니다. 영적인 치유를 받지 못하면 살아가는 만큼 문제가 따라오기 때문입니다.

영적인 눈을 열고 성령과 진리로 예배드리면 위로부터 풍성한 응답이 찾아옵니다.

영적인 침체로 인하여 하나님과 단절된 상태로 살아가면 우물가 사마리아 여인처럼 반복되는 실패 속에서 삶의 의미를 잃어버린 채, 기쁨과 감사도 없이 갈급하고 목마른 삶을 살게 됩니다.

전도자 바울은 의의 원수이며 마귀의 자식인 무당 엘루마와 몇 날 며칠 동안 자신을 괴롭히는 악신 들린 자의 거짓과 악행에 주목하였습니다. 그리고 담대히 선포하였습니다. '예수 그리스도 이름으로 내가 네게 명하노니 그에게서 즉시 나오라' 하니 귀신이 즉시 빠져나왔습니다.

사탄의 아성을 무너뜨리는 유일한 이름, 창세기 3장 15절 메시아 그리스도 이름을 불러야 합니다. 그리하면 하나님께서 크고 은밀한 일을 우리에게 보이시며 무너진 우리의 성읍을 치료하시고 고쳐 낫게 하시며, 평안과 진실의 풍성함을 나타내십니다.

사도행전 13장 10절, 16장 18절, 예레미야 33장 3~6절

개인과 가문의 문제를
해결하신 예수님

하나

고상하게 믿는다고 해서 문제가 해결되는 것이 아닙니다. 개인의 문제와 가문의 문제에 대한 해답은 오직 하나님의 말씀 안에만 있습니다.

문제 해결 방법을 모르면 하나님을 오해하여 문제가 찾아올 때마다, 하나님이 벌을 주셨다고 원망하면서 교회를 떠나 수고하고 무거운 짐을 지고 심각한 상태로 살아갑니다. 심지어 귀신과 교제하는 제사까지 지내다가 가문에 흐르는 저주와 재앙이 자녀들에게까지 그대로 흘러갑니다.

하나님은 우리를 때리고 벌주시는 분이 아닙니다. 우리를 사랑하시되 끝까지 사랑하시고 보호하시며 독생자 예수 그리스도를 내어주시기까지 우리에 대한 사랑을 확증하신 분이십니다.

눈에 보이지 않는 존재, 창세기 3장에 출현한 사탄으로 인해 찾아온 근본 문제 때문에 개인과 가문의 문제가 찾아왔음을 깨닫지 못하면 믿는 척하는 병에 걸려서 개인도 힘을 잃고 가정과 가문도 무너지는 것입니다.

모세가 기록한 혼돈과 공허와 흑암으로 우리를 덮어버리는 존재, 사도 요한이 기록한 창세 전에 이 땅으로 내어쫓긴 옛 뱀, 큰 용, 마귀, 사탄은, 예수님이 말씀하신 세상 임금, 우리의 심령을 죽이고 도적질하고 멸망시키는 존재입니다. 바울이 말한 이 세상 신, 우리 개인과 가문에 불화살을 쏘는 존재요, 베드로가 말한 우는 사자같이 두루 다니며 삼킬 자를 찾는 존재입니다. 이 존재를 밟으신 창세기 3장 15절의 하나님, 예수 그리스도만이 근본 문제에 대한 해결책입니다.

사실적으로, 성실하게, 기초부터 철저하게 다시 시작하십시오. 근본 문제의 해답인 복음으로 삶의 방향을 바꿔야만 우리 개인의 문제와 가문의 문제가 해결됩니다.

참 왕이시며, 참 제사장, 참 선지자이신 예수 그리스도 이름으로 자신과 환경과 사탄과 싸우는 영적 싸움부터 시작해야 합니다. 그리하면 우리 속에 있는 사망 권세, 질병의 저주가 떠나가고 개인과 가문의 문제, 근본 문제가 해결됩니다. 두려움과 낙망으로 끌고 가는 사탄을 무너뜨리십시오. 하나님은 그리스도 이름의 권세를 사용하여 기도하는 우리를 보호하고 지켜 주십니다.

눈 뜨는 아침부터 예수 그리스도 이름으로 기도하면, 하나님은 그의 음성을 들려주시고, 낮에는 우리의 목자가 되어 주시며 밤에는 침상에서 흠을 찾지 못할 만큼 은혜를 부어 주십니다.

모든 이론과 생각을 사로잡아 그리스도께 복종시키고 하나님의 말씀을 담고 묵상하면서 자신의 영적 상태를 점검하면, 악인의 꾀에 속지 않고 죄인의 길에 서지 아니하며 하나님을 거부하는 오만한 자의 자리에 앉지 않습니다.

육신의 생각은 사망이고 하나님과 원수 되어 하나님의 법에 굴복하지 않습니다. 그러나 정시기도와 무시기도 속에서 육신의 생각을 무너뜨리면 평강의 왕이 함께 하신다는 확신 속에서 여유를 갖게 되어 삶의 현장에서 일어나는 모든 일에 대하여 감사가 회복됩니다.

어떤 상황이 찾아오더라도 놀라지 마십시오. 하나님은 절대 가만히 계시는 분이 아닙니다. 우리에게 능력 주시는 하나님 안에서 모든 것을 할 수 있다는 믿음을 가지고 사실적으로 그리스도 이름을 선포하면, 하나님은 그 능력을 믿는 우리에게 풍성한 대로 모든 쓸 것을 공급하십니다.

하나님이 애굽 위에 손을 펴서 이스라엘 자손을 인도하여 내실 때, 온 세상이 여호와 하나님을 알게 되었습니다. 유월절 어린 양으로 오신 예수 그리스도께서 십자가에서 모든 문제를 끝내시고 지금도 성령으로 우리와 함께 계시며 우리를 위해 싸우시니 문제 될 일이 없습니다.

'술 취하지 말라'는 것은 직관적 감정과 본능적 감정으로 흥분하지 말고 무시로 성령 안에서 그리스도의 권세를 사용하라는 것입니다.

여호와 하나님은 신실하신 분이십니다. 하나님을 사랑하고 그리스도의 언약을 지키면 우리 개인과 가문의 천 대까지 인애를 베푸십니다. 오직 복음으로 개인과 가문의 문제를 무너뜨리는 비밀을 가질 때, 총체적 치유가 시작됩니다.

마태복음 27장 25절, 고린도전서 10장 20절, 요한복음 3장 16절,
에베소서 6장 19~20절, 창세기 1장 2절, 요한계시록 12장 7~9절,
요한복음 16장 11절, 10장 10절, 에베소서 6장 16절, 베드로전서 5장 8절,
창세기 6장 8절, 13장 18절, 빌립보서 4장 13, 19절, 에베소서 5장 18절, 6장 18절,
여호수아 1장 8절, 요한복음 8장 43~44절, 고린도후서 4장 4절, 신명기 7장 9절

둘

예수님은 십자가 보혈로 우리를 구원하시고, 눈물로 우리를 부르셨습니다.

좌로나 우로나 치우치지 말고 마음을 강하게 하십시오. 하나님의 절대 계획과 역사 가운데 있으니 열등감이나 약점 때문에 괴로워하지 않아야 합니다.

세상 사람의 말을 듣고 마음에 두지 마십시오. 문제가 무엇인지도 모르고 지껄이는 사람의 말은 사탄이 저주하는 말입니다. 고통 중에 있는 욥에게 세 친구가 충고했던 종교적, 윤리적 말은 의미가 없는 것입니다. 하나님의 말씀만 마음에 두십시오.

하나님의 말씀으로 심장이 뛰지 않으면, 각종 질병에 시달리게 됩니다. 그러므로 어둠의 일을 벗어버리고 빛의 갑옷을 입어야 합니다.

누구든지 그리스도 안에 있으면 새로운 피조물입니다. 하나님이 우리를 위하시면 누가 우리와 대적하겠습니까. 그러니 송사하는 사람의 말은 듣지도 말고, 정죄하거나 판단하지도 말고 이미 와 있는 응답을 누리십시오. 사람의 말을 듣고 남을 판단하는 것은 간교한 사탄이 좋아하는 일입니다. 세상에서 번번이 일어나는 타락에 관하여 판단하거나 정죄하지 말고 반면교사로 삼아 자신을 정결케 해야 합니다. 판단한 사람은 머지 않아 자신까지도 그 일로 정죄를 당하게 되기 때문입니다.

사탄의 머리를 밟아버린 창세기 3장 15절의 하나님, 자기 아들을 아끼지 아니하시고 우리를 위해 내어주신 이는 우리에게 모든 것을 은사로 허락하실 수 있는 분입니다. 그러니 누가 능히 하나님이 택하신 자를 송사하며, 그리스도의 사랑에서 끊을 수 있겠습니까. 곤고나 핍박이나 기근이나 적신이나 위협이나 칼로도 하나님의 사랑에서 우리를 떼어놓을 수 없습니다.

예수 그리스도는 십자가 사랑으로 우리를 껴안고 계십니다. 우리가 비록 연약하여도 우리를 사랑하시는 이, 그리스도 이름만 부르면 어떤 상황과 환경도 넉넉히 이기게 됩니다.

예수님은 원하셔서 우리를 부르시고 함께 하시고 전도도 하며 귀신을 내어쫓는 권세도 주셨습니다.

하나님의 절대 계획 가운데 부르심을 받고 예수님이 주와 그리스도이심을 고백하여 구원받은 하나님의 자녀, 하나님을 사랑하는 자, 그 뜻대로 부르심을 받은 우리는 넘어지고 자빠져도 합력하여 선을 이루게 됩니다.

여호수아 1장 7절, 전도서 7장 21절, 마가복음 3장 13~15절,
로마서 13장 12절, 8장 28절

셋

문제 속에서 응답을 보고, 위기는 하나님이 일하실 기회라 생각하며, 갈등을 통해 자신을 갱신하면, 하나님이 손을 펴서 애굽에서 이스라엘 자손을 이끌어내셨던 것처럼, 지혜로우신 하나님이 시간이 지날수록 증거를 주셔서 우리로 하여금 이방의 빛으로서 땅끝까지 이르게 하십니다.

육체의 감각과 욕망에 따라 스스로의 하나님을 만들어 놓고 하나님 노릇을 하면서 하나님을 틀리게 믿으면, 애굽의 노예, 바벨론과 앗수르의 포로되었던 이스라엘처럼 집이 황폐하여 재앙을 맞게 됩니다.

우리 주 예수 그리스도, 창세기 3장 15절의 하나님, 평강의 하나님은 우리를 위해 오셨고 우리를 위해 죽으셨습니다. 예수님은 눈물로 우리를 부르셔서 그리스도를 거부하는 그 길에서 돌아서라고 말씀하십니다.

그리스도, 그 이름을 부르는 복음을 부끄러워하지 마십시오. 의도적으로 그리스도를 거부하는 잡소리를 끊어버리면 개인의 재앙과 가문의 저주가 끊어집니다. 항상 하나님께 기도하고 온 집안과 더불어 하나님을 경외하며 백성을 많이 구제하였던 로마의 군대 장관 고넬료가 마귀에게 눌려 시달리고 있을 때 하나님은 베드로를 보내시어 오직 그리스도의 능력으로 마귀의 눌림에서 해방시켜 주셨습니다.

복음은 하나님의 능력입니다. 문제에 갇혀있지 않고 하나님의 성령을 힘입어 귀신을 쫓아내면 개인과 가정과 가문에 하나님의 나라가 임합니다.

사실적으로 분명히 뜻을 정하십시오. 창세기 3장 15절의 언약을 잡았던 아브라함과 이삭, 야곱의 길을 갈 것입니까. 창세기 3장의 원죄에 묶였던 이스마엘과 에서의 길을 갈 것입니까. 오직 복음의 길을 갈 것입니까. 아니면 아모리 이방인처럼 귀신과 교제하는 길을 갈 것입니까.

창세로부터 감추어진 비밀, 창세기 3장 15절의 메시아, 사탄을 밟아버린 창조주 하나님, 하늘과 땅의 모든 권세를 가지고 죽은 자 가운데서 살아나신 예수 그리스도를 모든 족속에게 가서 증거하는 것이 왕 같은 제사장으로 부름받은 우리의 사명입니다.

출애굽기 7장 5절, 12장 14절, 요한복음 19장 30절, 20장 22절, 마태복음 12장 28절,
사도행전 10장 2절, 38~45절, 여호수아 24장 15절, 베드로전서 2장 9절,
마태복음 28장 18~20절

이혼에 관한
바리새인의 사악한 질문

<u>하나</u>

바리새인의 사악한 질문에 대하여 예수님은 지혜롭게 답하셨습니다.

이혼을 할 건지 말 건지 묻는 바리새인의 질문은 예수님을 곤경에 빠뜨리고자 꾸민 계략이었습니다. 만일 이혼하라고 대답하면 예수님은 더이상 사랑의 메시아가 아닌 것이고, 그렇다고 해서 이혼을 허락하지 않는다면 모세의 율법을 범하는 불경죄에 해당됩니다. 이에 대한 예수님의 답변에는 오늘날 우리를 향한 해답이 있습니다.

하나님의 형상을 따라 창조된 남자와 여자는 하나님의 아름다운 작품입니다. 하나님의 생기를 불어넣어 한 영으로 한 몸이 되었으니 하나님이 짝지어 주신 것을 사람이 나눌 수 없습니다.

하나님의 생기인 성령이 있으면 부부가 한 몸으로 연합하지만, 하나님의 생기가 없으면 흑암 세력에 잡혀서 미워하고 분쟁하다가 결국 헤어지게 됩니다.

모세가 율법으로 이혼을 허락한 이유는 원죄적 속성에 따라 사탄의 지배를 받는 죄의 권능이 사람 속에서 역사하면 남을 미치게하든지, 미쳐버리든지, 남을 죽이든지, 죽어버리든지 할 것이기에 이혼 증서라도 써서 갈라지라는 것이었습니다.

부부의 성격 차이나 자녀의 이탈을 해결하는 유일한 방법은 그리스도 중심으로 성령 충만을 누리는 것입니다.

욕망이 지배하는 바벨탑 세상과 마귀가 지배하는 네피림 세상에서 그리스도 중심으로 살면 서로 집착하거나 비교의식에 사로잡혀 시기, 질투, 다툼, 열등감에 빠질 이유가 없습니다. 자신이 하나님의 자녀라면 상대방도 하나님의 자녀임을 인정해야 합니다. 그리하면 집과 교회는 천국이 됩니다.

그리스도 중심으로 살았던 초대교회는 사도의 가르침을 받아 집에 있든지 성전에 있든지 예수님이 주와 그리스도 되심을 고백하고 찬미하였습니다. 그리스도 중심으로 살면 초대 교회처럼 많은 사람에게 칭송을 받는 증거가 일어납니다.

헤어지지 말라고 예수님이 우리에게 주신 지혜를 마음에 담으면 완악함이 사라지고 생명과 평안이 넘치는 에덴의 가정이 됩니다.

마가복음 10장 1~12절, 사도행전 2장 46~47절

둘

구원받았다면 헤어짐이란 없습니다. 그리스도의 권세로 자신과의 싸움이 있으면 예수 그리스도의 사랑을 힘입어 인내할 수 있기 때문입니다.

그리스도 중심의 삶은 분리가 아니라 연합입니다. 그러나 그리스도 중심이 되지 못하면 인간관계로 인하여 완악해져서 갈등하고 시비 걸다가 부모와 자식, 부부 사이, 친척 사이에 분열과 분리가 일어납니다.

하나님과 함께하는 임마누엘 축복 속에 있기를 24시간 집중하여 기도합시다. 바리새인의 사악한 질문에 반응하지 말고 예수님의 지혜를 가집시다. 그리하면 이혼할 일도 없고 헤어질 일도 없습니다.

영적인 눈을 열고 영적인 예배를 드리면 하나님이 우리에게 기억하라고 말씀하신 세 절기의 역사가 일어납니다.

예수 그리스도, 십자가 보혈, 유월절 어린 양의 피를 우리 몸에 적용하는 순간, 재앙과 저주, 질병이 유월되고 치유되는 유월절의 역사가 일어납니다.

우리 몸에서 그리스도의 생명의 피가 작동할 때, 거친 광야를 가는 동안 하나님이 우리와 동행하셔서 보호하시고 보전하시는 오순절의 역사가 일어납니다.

사탄의 머리를 밟아버린 창세기 3장 15절의 언약을 마음에 담을 때, 창고에 들일 만큼 풍성한 열매를 맺게 되는 수장절의 역사가 일어납니다.

육신의 한계를 뛰어넘는 유월절, 오순절, 수장절의 역사를 체험하는 것이 그리스도 중심으로 사는 것입니다. 그러면 하나님이 주신 영원한 축복 속에서 많은 사람을 옳은 데로 돌아오게 하는 멋진 그리스도의 제자가 됩니다.

마가복음 10장 1~12절, 다니엘 12장 3절

셋

하나님의 뜻은 사람이 사람답게 사는 것입니다. 그러므로 하나님의 뜻과 상관없이 원죄적 체질을 따라, 감정을 따라 사는 것을 버리고 하나님의 말씀을 따라가십시오.

예수님의 관심은 큰 무리의 육신의 병, 마음의 병, 영적인 병을 고쳐서 생명 살리는 데 있었으나 치유의 증거를 갖지 못한 바리새인과 유대 종교지도자들은 사악한 질문을 하여 시비 거는 데만 관심을 두었습니다.

율법적이고 자기중심적인 종교 사상에 빠지면 마음이 완악하고 딱딱해져서 이간질하고 분리시킵니다. 그러나 모세의 율법을 인용하여 이혼을 할 거냐 말 거냐 시험하는 바리새인에게 예수님은 복음적으로 답하셨습니다.

'예수께서 이르시되 모세가 너희 마음의 완악함 때문에 아내 버림을 허락하였거니와 본래는 그렇지 아니하니라' 교권을 남용하여 사악한 질문으로 헛소리하지 말라는 것입니다.

모세가 이혼 증서를 써주라고 한 것은 바리새인 같은 자들의 마음에 들어있는 완악함 때문에 상대를 죽이거나 미치게 할까봐 이혼을 허락한 것인데, 본래 하나님의 뜻은 남자와 여자가 혼인하여 서로 사랑하고 배려하여 한 몸을 이루라는 것입니다.

창세기 3장 사탄의 출현 이후 기쁨과 감사를 훔치고 도적질하고 멸망케 하는 마귀의 유혹에 빠져 이혼할 수도 있고, 실패할 수도 있고 무너질 수도 있지만 흔들리지 말고, 낙심하지 말고 창세기 3장 15절, 메시아 그리스도 이름으로 자신을 일으켜 다시 일어나라는 것이 하나님의 뜻입니다.

사악한 질문으로 예수 그리스도를 배척하지 말고 하나님이 주시는 긍휼과 사랑으로 복음적 답을 주는 지혜를 가지십시오. 하나님의 관심은 생명 살리는 데 있고, 사탄의 관심은 생명을 죽이고 멸망시키는 데 있습니다. 남편을 다섯이나 두었던 우물가 여인도 예수 그리스도를 만나는 순간, 과거로부터 해방되었습니다.

율법적 질문 앞에서 죄의식으로 눌리지 말고, 복음적 지혜로 용서하고 사랑하고 배려하여, 복음의 여정을 함께 걷는 그리스도인이 되십시오.

마태복음 19장 8절, 요한복음 10장 10절, 마태복음 19장 1~10절

넷

완악한 마음을 가지고 갈등과 시험 속에 있지 말고 하나님의 성령으로 충만하기를 기도합시다. 하나님의 말씀은 살았고 운동력이 있어서 우리의 마음과 생각과 삶을 감찰하시고 지켜주십니다.

지금, 가장 문제 되는 곳에 집중하여 그리스도 이름으로 두드리고 찾고 구하면, 살아계신 하나님의 말씀으로 영적인 질병, 정신적인 질병, 육신의 질병이 치유됩니다.

해 아래 새 것도 없고, 의로운 것도 없습니다. 그리스도 중심으로 만난 만남은 하나님이 절대로 헤어지지 않게 하십니다. 그러나 사람은 누구나 예수님이 진단해주신 대로 욕심쟁이, 거짓말쟁이로 진리도 없이 진리가 있는 척 미혹하는 원죄적 체질, 마귀적 기질을 가진 존재이기 때문에 마귀의 일을 멸하신 그리스도 중심으로 살지 않으면 우리는 서로 원수덩어리로 살 수밖에 없습니다.

육신의 생각으로 살면 사망이요 그리스도 중심의 생각으로 살면 생명과 평안입니다. 육신적 생각은 하나님께 굴복하지도 않고 굴복할 수도 없습니다.

사망의 쏘는 것은 죄의 권능입니다. 죄의 권능은 율법입니다. 율법은 서로 정죄하고 심판하고 죽이지만 복음은 육신의 한계를 인정하고 갱신하여 변화를 가져옵니다.

히브리서 4장 12절, 요한복음 8장 44절, 고린도전서 15장 55~56절

다섯

사람이 불을 품고 있는데 어찌 그 옷이 타지 않겠습니까.

사도 바울이 가장 두려워한 것은 복음을 전파한 후에 자신이 도리어 버림을 당하는 것이었습니다. 복음이 개인화되지 않으면, 어느 날 공허함이 찾아와 타락하거나 엉뚱한 착각에 의해 교만해져서 그리스도인으로서 걸맞은 행동을 하지 못합니다.

예수님이 주와 그리스도이심을 영혼에 각인시키고 그리스도에 뿌리내려서 말씀과 기도와 전도를 체질화하는 것, 이로써 성경에 기록된 하나님의 말씀이 우리 안에서 성취되는 것이 개인의 복음화입니다.

바울이 경고한 대로 어떤 사람은 영적으로 둔감해져서 그리스도를 믿는 믿음에서 떠나 미혹하는 영과 귀신의 가르침을 따라 자기 양심이 화인을 맞음으로 광명의 천사로 둔갑하여 수치심 없이 거짓말하는 사탄의 대변자가 됩니다.

또 어떤 사람들은 마음이 굳어 순종치 아니하고 오직 그리스도의 도만 비방하며, 지식의 열쇠를 가져가서 자신도 들어가지 않고 또 들어가려는 자도 막고 있습니다. 이들은 그리스도를 섬기지 아니하고 자신의 배만 섬기며 교활한 말과 아첨하는 말로 순전한 자들을 미혹합니다. 그래서 사도 바울은 그리스도 십자가의 원수로 행하는 자들을 눈여겨보라고 경고하였습니다.

성경에 기록한 대로 창세 이후로 흘린 선지자의 피를 이 세대가 담당해야 하는 고통의 시대가 왔으니 선한 데 지혜롭고 악한 데 미련합시다. 평강의 하나님이 사탄의 머리를 우리 발 아래 속히 상하게 하십니다.

그리스도를 믿는 청결한 마음과 거짓 없는 믿음과 선한 양심을 가지고 그리스도께서 빛 가운데 행하심과 같이 빛 가운데 행합시다. 사탄의 머리를 밟아버린 창세기 3장 15절의 원시 복음이 개인화되면, 그리스도 예수의 피가 우리 죄를 깨끗케 하여 내면의 변화가 일어납니다.

내면이 변화된 증거를 가진 증인이 되면, 하나님의 사랑과 희락과 화평과 온유함을 가지고 전도하게 됩니다. 이러한 증거도 없이 전도하기 때문에 오늘날 교회가 조롱을 당하는 것입니다.

복음을 일인칭으로 개인화하여 날마다 자신을 쳐서 복종시키는 영적 싸움을 통해, 자신의 욕망과 야망을 죽이고 오직 그리스도만이 주인이 되시도록 간구했던 사도 바울은 빌립보 교회의 성도들을 향하여 당당하게 자신을 본받으라고 편지했습니다.

잠언 6장 27절, 사도행전 19장 9절, 로마서 16장 18~20절, 빌립보서 3장 16~18절, 디모데전서 4장 1~2절, 고린도전서 9장 27절, 갈라디아서 2장 20절

여섯

복음을 개인화하여 오직 기도, 오직 전도의 길을 가는 것이 복음의 여정입니다.

복음을 개인화하는 복음의 여정을 걷지 않으면 어느 날 복음의 변절자로 전락합니다. 그러나 하나님의 약속을 믿고 복음의 여정을 걸어갈 때, 하나님은 우리에게 하늘 보좌의 축복을 주십니다.

요셉은 복음의 여정을 가는 동안 해와 달과 열한 별이 절하는 꿈을 언약으로 주신 하나님의 절대 주권과 계획을 믿었기에 자신을 노예로 팔아버린 형들을 원망하지 않고 용서할 수 있었습니다.

모세가 걸어간 복음의 여정은 그리스도의 보혈로 마귀의 일을 멸하지 않고 적당히 타협하면 헛되고 헛된 길을 가게 된다는 것을 각인시키는 길이었습니다. 갈보리 산에서 십자가 지신 예수 그리스도의 은혜가 얼마나 큰지를 실감하면 헛된 욕망과 욕심을 버릴 수 있습니다.

우리가 아직 연약할 때, 우리가 아직 죄인이었을 때, 우리가 하나님과 원수 되었을 때, 예수 그리스도께서 피 흘려 죽으심으로 우리에 대한 하나님의 사랑을 확증하셨습니다.

하나님을 자랑하며 하나님을 믿는 것 같은데 율법을 의지하여 가르치기만 하고 오히려 율법을 범하는 복음의 변절자들로 인해 하나님의 이름이 모독을 받는 것입니다.

진리이신 예수 그리스도의 모범을 본받아 그리스도인으로서 걸맞은 행동을 하여 복음을 변질시키지 않는 것이 복음의 여정을 걷는 우리의 자세입니다.

창세기 37장 9~11절, 45장 5절, 출애굽기 4장 25절,
로마서 8장 6, 8, 10절, 2장 20~24절

통제 불능의 자녀를
치유하는
예수님의 선포기도

하나

통제 불능의 자녀를 둔 아버지는 무너지는 마음으로 예수님의 제자들을 찾아갔지만 헛수고였습니다.

하지만, 그는 아들의 문제이기에 포기하지 않고 예수님을 만나자마자 '믿음 없는 것을 도와달라'고 간청했습니다. 그 믿음으로 '거꾸러져 거품을 흘리며 이를 갈며 파리해진' 아이가 치유를 받게 되었습니다.

제자들은 '불 속에도 뛰어들고 물 속에도 뛰어드는' 통제 불능의 문제를 가진 아이를 어떤 것으로도 해결할 수 없었습니다. 아이의 치유에 실패한 제자들은 예수님께 조용히 물었습니다.

'우리는 어찌하여 능히 그 귀신을 쫓아내지 못하였나이까'

하나님은 오직 그리스도의 권능으로만 된다는 것을 예수님의 선포기도를 통해 확인시켜주셨습니다.

선포기도 안에는 하나님의 통치와 개입이 들어있습니다. 예수님의 선포기도를 봅시다. '말 못하고 못 듣는 귀신아 내가 네게 명하노니 그 아이에게서 나오고 다시 들어가지 말라'

예수님의 선포기도로만 '심히 경련을 일으켜서 땅에 엎드러져 구르며 거품을 흘리게 만드는' 더러운 귀신이 나갈 수 있습니다. 하나님께 순복하는 믿음은 마귀의 일을 멸하기 위해 우리에게 오신 예수 그리스도 이름으로 마귀를 대적하는 것입니다.

통제 불능의 문제 앞에서 무능하다고 넋두리 하지 말고, 예수님의 선포기도로 변화와 치유의 증인이 됩시다. 일심, 전심, 지속으로 하나님의 힘, 그리스도의 권능을 자신과 일치시킵시다. 하나님을 대적하여 높아진 세상의 초등학문에 치우쳐서 예수 그리스도를 거부하고 발작 증세를 일으키는 더러운 귀신을 그리스도의 권능으로 내어쫓지 않으면 가정은 서로 원수가 되고 이내 쑥대밭이 됩니다.

그러나 예수 그리스도의 권능이 우리의 삶과 일치되면 두려움과 불신앙이 사라지고, 멋있고 당당한 그리스도인의 삶을 누리게 됩니다.

마가복음 9장 25, 29절, 요한일서 3장 8절, 야고보서 4장 7절

둘

통제 불능의 자녀를 둔 아버지처럼 하나님 앞에서 자신의 믿음 없음을 인정하는 것으로부터 예수님의 치유는 시작됩니다. 믿음이 없다고 울지 말고 하나님 아는 것을 대적하여 높아진 모든 이론을 사로잡아 내어버립시다. 바꿀 것을 바꾸고 버릴 것을 버리면 누림이 옵니다.

그리스도 이름은 죽은 것을 살리는 하나님의 능력입니다. 생명의 성령의 법으로 죄와 사망의 법에 묶인 우리에게 무죄를 선포해주는 이름이 그리스도입니다. 스스로 권위를 입으신 여호와 하나님이 그리스도십니다. 그리스도 이름을 우리 몸에 선포하면 짓눌렸던 것으로부터 해방됩니다. 능력의 옷을 입으신 그리스도께서 세계를 견고히 하사 흔들리지 않게 하십니다.

그리스도는 영원부터 계신 분이며, 그의 보좌는 예로부터 견고합니다.

메시아, 그리스도를 찬양했던 다윗은 날마다 마음이 기쁘고 혀가 즐거우며 몸이 소망 가운데 거하는 누림이 있었습니다.

베드로의 고백이 선포 되었을 때 성전 미문에 앉아 구걸하는 앉은뱅이가 일어났듯이 예수님이 주와 그리스도라는 고백을 넘어선 선포기도가 있어야 생명이 살아납니다.

묶인 것을 풀어주고 통제 불능의 문제를 가능으로 해결하는 그 이름을 순간순간 선포하면, 예수님이 새롭게 우리 손을 잡아주셔서 지긋지긋한 문제는 사라지고 인생의 중대한 전환점을 응답으로 받습니다.

시편 93편 1~2절, 사도행전 2장 26절, 로마서 8장 2절, 사도행전 3장 6절

셋

자녀들을 통제 불능으로 만들어서 기쁨과 감사와 기도를 빼앗아가는 눈에 보이지 않는 존재, 강도, 절도가 있습니다. 하나님은 이 문제를 해결하도록 우리에게 예수님의 선포기도를 가르쳐주시고 확인시켜주셨습니다.

우리 집에 들어와 두려움과 불신앙을 심는 강한 자를 그리스도의 날선 검으로 제압하여 내어쫓지 않으면, 더 악한 귀신 일곱이 들어와 나중 형편이 전보다 더 심하게 됩니다. 이 악한 세대가 이러하다고 예수님이 밝히 말씀하셨습니다.

하나님이 주신 무기, 그리스도의 이름을 순간순간 선포하면 우리 몸을 장악하고 있었던 영적인 질병과 정신적인 질병, 육신의 질병이 떠나가고 하나님의 비전이 우리의 비전이 되는 중대한 전환점을 맞이하게 됩니다.

감정의 통제, 생각의 통제, 몸의 통제가 안 되던 불가능을 가능으로 바꿔주시는 하나님의 권능은 어제나 오늘이나 영원토록 동일하신 예수 그리스도 안에만 있습니다.

예수 그리스도, 그 이름의 권세로 부활하신 예수님이 우리에게 주신 사명이 우리의 비전이 되어 '모든 족속으로 가서 제자 삼으리라' '영권을 회복하여 만민을 치유하리라' '말씀을 풀어 현장에 힘을 주리라' '어린 양을 먹이고 키우리라' '성령의 권능으로 땅 끝까지 증인이 되리라'고 선포하는 기도를 시작하면 병든 것과 약한 것이 치유되고 가난한 자가 부요케 되는 증거를 얻게 됩니다.

마태복음 12장 28~29절, 43~45절, 마가복음 10장 45절, 히브리서 13장 8절,
요한복음 16장 24절, 마태복음 28장 20절, 마가복음 16장 15~20절,
누가복음 24장 13~49절, 요한복음 21장 15~18절, 사도행전 1장 8절,
마태복음 10장 1절

넷

간질로 심히 고생하여 불에도 넘어지며 물에도 넘어지는 아이에 대하여 세상 지식은 천병이라 말하지만 예수님은 불치병이 아니라고 진단하셨습니다.

믿음이 작음으로 인하여 귀신 들려 패역한 이 시대, 예수님은 통제 불능의 후대를 치유하는 진정한 신앙고백과 믿음을 요구하십니다.

세상에서 배운 지식과 육신적 판단으로는 문제를 해결할 수 없어서 포기해버리지만 예수님은 불치병의 '아이를 데려오라'고 말씀하십니다. 주변에서 일어나는 사건과 질병에 대하여 영적인 눈을 떠서 확인해 보면 영적 문제라는 사실을 깨닫게 됩니다.

약으로 치유할 수 없는 불치병은 육신의 것이 아닌 성령의 능력으로 살려내야 합니다. 아골 골짜기의 마른 뼈들도 하나님의 말씀, 하나님의 생기가 들어가니 군대로 일어났습니다.

하나님의 말씀, 말씀이 육신이 되어 이 땅에 오신 예수 그리스도 안에는 치유의 활력과 운동력이 있어서 재창조의 능력으로 세포까지 살려냅니다.

이 패역한 시대를 덮고 있는 흑암과 공허와 혼돈을 깨뜨리는 믿음, 하늘 배경을 갖는 믿음, 이 땅에서도 천국을 소유하는 믿음, 강한 자를 결박하여 현장을 정복하고 승리하는 믿음, 사망과 저주와 방황을 무너뜨리신 예수 그리스도를 믿는 믿음, 이 믿음을 소유하면 인생에 부요한 열매가 옵니다.

창세기 3장의 원죄에 묶인 우리를 창세기 3장 15절, 메시아, 그리스도 이름으로 풀어내는 영적 싸움을 시작하여 흔들리지 않고 포기하지 아니하면 능치 못할 일도 없고 부끄러움 당할 일도 없습니다.

우리의 하나님은 그리스도 예수 안에서 우리의 모든 필요를 채워주시고 완전한 승리도 주십니다.

마태복음 17장 14~20절, 에스겔 37장 1~10절, 히브리서 4장 12절,
요한복음 1장 14절, 빌립보서 4장 19절

다섯

통제가 안되는 아이를 문제로 보기 이전에, 부모를 향한 하나님의 계획을 깨닫는 것이 중요합니다.

비정상적인 이 시대는 정상적인 사고를 가진 사람들이 넘어지고 실패하는 반면, 비정상적인 사람들은 절대로 자신의 숨은 문제를 노출시키지 않고 광명의 천사로 위장하여 정상적인 것처럼 살아갑니다.

하나님의 아들들이 사람의 딸들의 아름다움을 보고 자식을 낳으니, 사람의 죄악이 세상에 가득하여 마음으로 생각하는 모든 계획이 항상 악할 뿐인 네피림의 시대에, 노아가 하나님의 은혜를 입고 방주를 지었듯이 하나님은 우리 안에 구원의 방주를 지으라고 명하십니다.

단을 쌓고 여호와의 이름을 부른 노아는 하나님의 은혜를 입고 하나님과 동행하며 방주를 지음으로 온 가족의 생명이 보전되었습니다. 노아가 하나님의 명을 따라 고페르 나무에 역청을 칠했듯이 마귀에게 틈을 주지 말아야 합니다.

마귀의 일을 멸하지 않는 목사는 교회를 강도의 굴혈로 만들고 마귀의 일을 멸하지 않는 가정의 자녀는 통제 불능 상태로 전락합니다.

마귀는 광야에서 제일 먼저 육신적인 빵 문제로 예수님을 시험하였습니다. 일단 의식주 문제가 해결되면 하나님의 말씀에 더 이상 관심이 없습니다. 이후에는 스타 의식을 가지고 육신의 정욕과 안목의 정욕, 이생의 자랑에 빠져 세상 것에 절하게 됩니다. 이것이 재앙의 시작입니다.

이 문제를 해결하라고 예수 그리스도의 권능을 주셨으니 일상생활에서 그리스도를 선포하여 마귀의 일을 멸하십시오. 하나님의 일을 방해하지 마십시오. 마귀의 일을 멸하지 않는 것이 하나님의 일을 방해하는 것입니다.

예수님이 주와 그리스도이심을 부르고 선포하여 마귀의 일을 멸하는 만큼 생각이 깨끗해지고 우리를 짓누르던 무능과 피로가 사라집니다.

가난과 무능과 질병, 통제 불능의 자녀문제에 시달리고 있다면 '왜'라는 질문 속에서 올바른 복음을 소유하십시오. 복음을 부끄러워하지 말고 그리스도 이름으로 빛을 발하십시오. 빛의 자녀로서 다니엘과 같이 정시기도를 회복하여 올바른 복음을 전파하는 플랫폼이 되리라는 결단을 통해 이웃의 재앙을 막아주는 것이 그리스도인의 사명입니다.

창세기 6장 4절, 13~14절, 18절, 1장 2절, 에베소서 4장 27절,
다니엘 6장 10절, 로마서 1장 17절

여섯

자녀는 소유물이 아닙니다.

언약 안에서 자녀를 키우지 않으면 영적으로 깨어 있지 못하고, 자고 있을 때 원수가 와서 가라지를 뿌리므로 집안의 원수덩어리로 자라납니다.

후대에게 언약을 전달하는 것은 하나님의 명령입니다. 과거나 현실에 매이지 않고 오직 하나님이 하실 미래의 일을 보았던 장인 이드로는 모세를 도왔습니다. 무너진 후대에게 하나님의 언약, 그리스도를 전달하여 하나님의 기이한 일을 보게 하십시오. 창세기 3장 15절의 원시 복음이 언약입니다. 창세기 3장 15절의 언약을 가지고 영적 싸움을 하지 않으면 후대와 가정, 가문이 무너집니다.

성경 속에 있는 답을 가진 교회만이 후대를 도울 수 있습니다. 싸우지 않고 이기는 비밀, 남을 괴롭히지 않고도 모든 것을 소유하는 비밀이 말씀과 기도와 전도 속에 있음을 자녀에게 가르쳐야 하나님과의 관계에서 이탈하지 않습니다.

하나님의 비밀이 그리스도입니다. 그리스도 안에는 지혜와 지식의 모든 보화가 감추어져 있습니다. 오직 하나님으로부터 부르심을 받은 자만이 그리스도가 하나님의 능력임을 깨달을 수 있습니다.

하나님의 절대 주권과 예정, 섭리와 작정과 경륜 속에서 후대를 도와주고 살리는 길은 우리가 먼저, 자신과 세상과 사탄과의 영적 싸움으로 생각을 바꾸는 것입니다. 영적 싸움 없이는 지식에 묶일 뿐, 복음 안에 있는 진리와 능력이 없기 때문입니다. 하나님이 주신 복음은 완전하고 충분합니다.

그리스도가 각인, 체질화, 유일성이 되지 않으면, 마음으로 생각하는 모든 계획이 항상 악하여 네피림의 세상에서 재앙을 면할 길이 없습니다.

하나님으로부터 은혜를 입고 복음이면 충분하다는 믿음으로 창세기 3장 15절의 원시 복음이 체질화된 노아는 하나님과 동행하면서 구원의 방주를 지었습니다.

하나님은 거룩하시니 우리도 거룩하여 세상과 구별된 하나님의 자녀임을 확신하면, 하나님이 미래에 하시고자 하는 일을 보고 기뻐할 수 있습니다.

마태복음 13장 25절, 로마서 1장 16절, 요한복음 19장 30절, 고린도전서 1장 18, 24절, 골로새서 2장 2~3절

어린아이를 안고
안수해 주시는
예수님의 사랑

하나

예수님은 아이들을 품에 안아 안수하시고 축복해주셨습니다.

예수님이 어린아이들을 막지 말라고 말씀하신 이유는 깨끗한 영혼을 가진 어린아이들은 복음을 깨끗하고 원색적으로 받아들이기 때문이었고, 예수님을 찾아오는 모든 사람들을 일일이 만져주신 이유는 사랑할 수 없는 딱딱한 손을 풀어 서로 사랑할 수 있는 손으로 만들어주시기 위함이었습니다.

하나님의 말씀을 깨끗하게 받아들여서 깨끗한 복음을 소유하면 서로 사랑하게 됩니다.

믿음이 있다고 하면서 사랑의 손을 내밀지 않는 것은 하나님을 모독하는 것입니다.

지금 우리 안에 무엇이 들어있는지 점검해야 합니다. 오래된 상처가 들어 있으면 불안과 미움이 찾아오고, 자신의 기준과 경험만 들어있으면 어린아이들처럼 단순하고 깨끗한 믿음을 소유할 수 없습니다. 예수 그리스도의 음성이 들어있어야 사탄과 접속되었던 음란과 부정, 악한 정욕과 탐심을 끊어버릴 수 있습니다.

흑암의 땅을 뚫고 오신 예수 그리스도의 이름으로 땅의 지체를 죽이지 않으면, 서로 미워하며 고발하고 싸우게 됩니다. 율법에 의존하면 분쟁을 일으키고 사람을 따라가면 결정적인 순간에 시험들거나 실망합니다. 그러나 오직 진리의 영이신 보혜사 성령 하나님을 따라가면 낙심할 일도, 넘어질 일도 없이 서로 사랑하게 됩니다.

하나님이 주신 새 계명을 따라 예수님이 우리를 사랑한 것같이 서로 사랑하면 이로써 우리가 예수 그리스도의 제자인 것을 모든 사람이 알게 됩니다.

마가복음 10장 13~16절, 로마서 1장 22절, 골로새서 3장 5절,
요한복음 13장 34~35절, 14장 16~17절

둘

예수님은 그리스도의 향기를 불어넣어 주시려고 '하나님의 생기, 성령을 받아서 마시라'고 말씀하셨습니다. 그러므로 예수 그리스도의 향기가 우리 몸에서 넘쳐나기를 기도해야 합니다.

혀는 곧 불이요, 불의의 세계입니다. 혀는 우리의 온몸을 더럽히고, 지옥에서 나오는 불을 가지고 삶의 수레바퀴를 태워버립니다. 그러니 입의 말로 얽히지 않고 입의 말로 잡히지 않도록 기도해야 합니다.

사탄의 머리를 밟아버린 창세기 3장 15절의 복음을 깨끗하게 믿고 누려야만 사탄의 공격 포인트가 되지 않습니다. 사탄의 공격을 받으면 두려워하는 그것과 무서워하는 그것이 몸에 그대로 임하여 형벌이 따라옵니다. 하나님의 사랑만이 두려움을 내어쫓습니다. 그래서 어린아이처럼 단순하고 깨끗하게, 하나님이 주신 말씀과 약속을 믿어야 합니다. 한 번밖에 없는 짧은 인생, 어디에 있어야 하는지, 무엇을 해야 하는지를 생각하고 기도합시다. 그러면 세상의 잡다한 말에 접속하지 않고 하나님의 영, 성령과 접속해야 세상을 정복하고 다스리고 충만해집니다.

짧은 인생, 복음에 대한 분명한 확신을 갖지 못하면 적당하게 믿다가 적그리스도로 전락합니다.

오늘, 영적인 과거를 청산하고 그리스도의 권능을 소유한 하나님의 자녀로서 사탄과 환경, 자신의 욕망과 싸우는 영적 싸움으로 믿음을 회복해야 합니다. 문제 앞에서 방황하지 말고 하나님의 더 큰 계획을 찾아냅시다. 하나님의 계획을 발견하면 결정적인 순간에 넘어지지 않고 그리스도의 향기가 넘쳐 흘러, 그리스도를 영화롭게 하는 멋진 인생을 살게 됩니다.

요한복음 20장 22절, 고린도전서 12장 13절, 잠언 6장 2절, 야고보서 3장 6절,
욥기 3장 25절, 요한일서 4장 18~19절

셋

예수님이 어린아이들을 안고 안수하신 이유가 있습니다. 하나님이 기뻐하시는 예배를 드리는 체질이 되어, 복음의 축복 속에서 사탄의 영향을 받지 않는 어른으로 성장시키기 위해서 입니다.

세상의 지도자들은 성공하고도 의미 있는 삶을 살지 못하지만 성경의 인물들은 연약한 중에도 세상이 감당치 못할 만큼 전무후무한 응답을 누렸습니다. 하나님의 마음을 시원케 해드린 다윗도 어릴 때부터 전심으로 주의 계명을 떠나지 않기를 기도하였고, 일생에 하나님께 영광을 돌리는 응답의 사람으로 기록되었습니다.

'땅 끝까지 증인이 되리라'는 언약 속에서 성령의 권능을 받고 그리스도 안에 있으면, 가문과 산업의 현장에 다가오는 재앙을 막을 수 있습니다.

세상은 온 천하를 꾀는 자, 전쟁을 일으키는 자, 옛 뱀, 마귀, 사탄이라고 하는 존재에 끌려다니지만 하나님의 자녀로서 구원받은 우리는 그리스도 예수 안에 있는 생명의 성령의 법으로 죄와 사망의 법에서 해방되었습니다.

십자가 죽음을 이기고 부활하셔서 우리에게 주신 사도행전 1장 8절의 언약을 약속으로 품고 엎드리는 기도 속에서 하나님이 하실 때까지 기다리면 반드시 산업의 문도 열립니다.

베드로는 예수님을 저주하고 도망간 후에 닭이 울 때마다 엎드려 기도하였습니다. 약점 때문에 괴로워하지 맙시다. 베드로의 연약함은 오히려 그리스도를 떠나지 않는 축복이 되었습니다. 보혜사 성령의 권능과 보호 없이는 이 땅에 의인은 없습니다.

갈보리 산 십자가 죽음으로 우리에게 치유를 주신 예수 그리스도와 이별하지 맙시다. 사람의 말에 미혹되어 따라다니지 말고 그리스도만 따라가십시오. 세상의 전통과 풍습에 따라 하나님을 대적하여 높아진 모든 이론을 사로잡아 기도로 무너뜨리십시오.

어린 후대들이 세상이 주는 공허와 흑암과 혼돈에 접속하지 않고 하나님과 소통하는 예배 체질, 엎드리는 기도 체질이 되게 하면, 요셉과 같이 개인의 재앙을 넘어서 이 나라와 세계의 재앙을 막아주는 세계복음화의 주역이 됩니다.

요한계시록 12장 1~9절, 로마서 8장 2절, 사도행전 1장 8절, 시편 119편 10절, 고린도후서 10장 4~5절

예수님이 걸어가신
십자가의 길

하나

예수님이 걸어가신 십자가의 길은 슬픔의 길이 아니라 축복의 길입니다. 흑암을 이기는 소망의 길이고 재앙에서 벗어나는 새로운 길이며, 사망에서 생명으로 옮기는 은혜의 길입니다.

우리의 문제는 하나님의 시작입니다. 문제 앞에서 잠잠히 역사하시는 하나님의 일을 봅시다. 하나님이 독생자 예수 그리스도를 보내사 우리가 가야 할 고난과 죽음의 길을 대신 걷게 하셨으니, 그 하나님의 사랑을 받았다면 춤추고 노래하고 행복해야 합니다.

하나님의 자녀에게 찾아온 문제는 어떠한 재앙도 넘어갈 수 있는 비밀인 그리스도의 능력을 체험하라는 하나님의 새로운 시작입니다.

끊임없이 솟구쳐 올라오는 충동질, 얄팍한 동기에 따른 본능적 거짓말, 비진리가 일으키는 발작 증세, 진리가 있는 척, 믿는 척, 은혜받는 척 살게 만드는 육신의 생각을 그리스도의 능력으로 끊어버립시다. 육신의 생각은 사망이고 그리스도의 영의 생각은 생명이고 평안입니다.

사탄의 머리를 밟아버린 창세기 3장 15절의 주인공, 예수 그리스도의 십자가의 길을 따라가면 모든 문제를 초월하는 매력적인 그리스도인으로서 승리의 길을 가게 됩니다.

마태복음 10장 31~34절, 요한복음 8장 44절, 로마서 8장 6절

둘

진정한 성공은 하나님이 주신 약속의 말씀을 믿고 예수 그리스도의 길을 따라가는 것입니다. 하나님이 주신 그리스도의 능력으로 십자가의 길을 따라가면 영원한 하나님 나라의 상속자가 됩니다.

잘난 척하다가 찾아오는 문제는 하나님이 구원받으라고 주신 메시지고, 하나님의 자녀에게 찾아오는 문제는 응답의 발판이 될 하나님의 새로운 시작입니다.

육신의 장막을 벗어버리고 하나님의 나라를 소유합시다. 육신의 생각이나 세상적 기준으로는 예수 그리스도의 죽음과 부활을 이해할 수 없습니다. 오직 하나님의 기쁘신 뜻에 따라 창세 전에 그리스도 안에서 택함을 받고 예정된 하나님의 자녀만이 이해할 수 있습니다.

사도 바울처럼 하나님의 말씀을 일인칭하면 우리를 능히 견고하게 하시는 그리스도의 능력으로 우리의 삶 속에서 두려움과 죽음을 이기고 부활하신 그리스도의 역사가 분명한 증거로 나타납니다.

에베소서 1장 4~5절, 로마서 16장 26절

셋

연약했던 베드로는 예수님이 메시아, 그리스도이심을 고백하고도 예수님으로부터 '사탄아 내 뒤로 물러가라'는 질책을 들을 만큼 실수하고 넘어지기를 반복하기도 하였고, 말고의 귀를 칠 만큼 감정 조절이 안 되었을 뿐 아니라 예수님을 향한 사랑을 고백하고도 예수님을 배신하였으며, 예수님의 부활 이후에는 다시 고기를 잡으러 돌아갈 정도로 고집불통이었습니다.

사탄은 우리를 끌고 다니며 끊임없이 옛사람으로 돌아가게 만들어서 과거의 습관에 따라 반복적인 실패 가운데 믿는 척, 되는 척 쇼하면서 살다가 깊은 좌절에 빠지게 합니다.

하나님은 이 문제를 해결하도록 아브라함과 이삭, 야곱과 요셉에게 주셨던 원시복음, 간교한 뱀의 머리를 밟아버린 창세기 3장 15절의 언약을 우리에게 주셨습니다.

이 언약을 상실한 이스라엘은 자기 소견에 옳은 대로 행하다가 애굽의 노예, 바벨론의 포로, 로마의 속국 상태를 면치 못하였습니다.

그러나 이 언약을 회복한 초대교회는 오직 예수님이 그리스도이심을 일인칭하여 가르치고 선포하고 전도함으로써 로마를 정복하였고, 안디옥 교회는 비로소 그리스도인이라 일컬음을 받았습니다.

이제부터 그리스도를 고백하는 것으로 끝내지 말고 자신을 부인하고 그리스도의 십자가를 따라가는 그리스도인이 되기를 기도합시다.

십자가는 고난과 죽음을 상징하는 것이 아닙니다. 그리스도의 십자가는 부활과 기쁨을 누릴 수 있는 하나님의 능력입니다.

음란하고 난잡한 이 시대에 사탄이 준 찌꺼기가 영혼에 남아있으면 그리스도 이름을 부끄러워하다가, 결국 배신하고 도망갑니다.

하지만 실수하고 실패하였더라도 하나님 앞에 서서 성령을 힘입어 복음의 본질을 회복하면, 하늘과 땅의 모든 권세를 가지고 모든 족속으로 가서 제자 삼을 만큼 하나님이 주신 절대 언약을 성취하는 참된 제자의 길을 갈 수 있습니다.

마태복음 16장 16절, 마가복음 8장 27~38절, 사사기 21장 25절, 야고보서 4장 7절, 베드로전서 5장 8절, 창세기 3장 5~6절, 마태복음 13장 36절, 요한복음 8장 44절, 로마서 8장 7절, 요한복음 8장 31절

예수님이 주신 첫째 계명

하나

마음과 목숨과 뜻을 다하여 여호와 하나님을 사랑하는 것이 우리가 지켜야 할 첫째 계명입니다.

요셉을 죽음의 구덩이에서 건져내신 하나님은 지금도 가만히 계시지 아니하시고 우리를 위해 구원 계획을 이루고 계신다는 믿음이 있으면, 마음과 목숨과 뜻을 다하여 여호와 하나님을 사랑할 수밖에 없습니다.

하나님이 주신 첫째 계명을 지키기 위해서는 반드시 영적인 세계에 눈을 떠야 합니다.

615개의 교리에 매여 시달렸던 바울은 영적인 눈을 뜨고 그리스도를 발견한 순간 하나님의 역사를 보았습니다.

믿음의 본질인 그리스도를 발견하지 못하는 것이 지구상 가장 큰 문제입니다.

예수 그리스도의 빛으로 어둠을 밀어내는 빛의 혁명이 일어나면 우리 영혼과 몸과 마음과 생각이 개혁되어 하나님의 성령, 그리스도께서 영원히 지속적으로 일하시고 응답하신다는 사실을 믿게 됩니다.

예수 그리스도께서 십자가에서 우리의 모든 문제를 끝내시고 사망에서 생명으로 옮겨주셨다는 것을 믿는 믿음으로 총체적 치유의 증거를 갖게 되면, 목숨을 다하여 사랑해야 할 대상이 그리스도이심을 알게 되는 것입니다.

예수 그리스도의 사랑을 힘입지 않고는 마음을 다하여 이웃을 사랑할 수 없고, 목숨과 뜻을 다하여 여호와 하나님을 사랑할 수도 없습니다.

마가복음 12장 28~34절, 요한복음 19장 30절, 사도행전 26장 18절,
요한복음 5장 24절

둘

우리가 믿고 있는 그것이 믿음인지, 신념인지 점검해보십시오. 믿음이면 우리 몸에서 사랑이 나오고 신념이라면 우리 몸에서 사랑이 나올 수 없습니다. 믿음이 있다고 하면서 사랑이 없다면 믿음이 아니라, 신념입니다.

예수께서 그리스도이심을 믿는 자마다 하나님께로 난 자니, 하나님께로 난 자는 예수 그리스도를 사랑하고 예수 그리스도 이름으로 세상을 이깁니다. 세상을 이기는 길은 '예수님이 그리스도이심'을 믿는 믿음입니다. 예수께서 하나님의 아들 그리스도이심을 믿으면, 이 세상에 우리를 이길 자가 없습니다.

하나님은 우리에게 새 계명을 주셨습니다. '서로 사랑하라' 예수 그리스도께서 우리를 사랑한 것같이 서로 사랑하라는 것입니다. 하나님의 계명을 지키는 것이 하나님을 사랑하는 것입니다. 하나님의 계명은 무거운 것이 아닙니다. 우리가 하나님을 사랑하고 하나님의 계명을 지킬 때 이로써 우리가 하나님의 자녀인 줄을 알게 됩니다.

서로 사랑하지 못하는 것은 죄의 권세에 장악되어 사탄의 종노릇하기 때문입니다. 마귀의 씨는 하나님을 사랑하지 못할 뿐 아니라 사람을 사랑할 수도 없습니다. 그러나 하나님이 예수 그리스도를 보내시어 핏값으로 우리를 구원하셨음을 아는 하나님의 자녀는 하나님을 사랑할 수밖에 없습니다.

우리 안에서 증거하시는 이가 셋이니 여인의 후손 메시아 그리스도 성자 하나님, 그리스도를 보내신 성부 하나님, 우리 안에 계시는 성령 하나님, 곧 성삼위 하나님이십니다. 그중 예수 그리스도의 물과 피가 우리 몸에 임하여 우리 안에서 증거하는 이는 성령이시니 성령은 진리의 영이십니다.

예수 그리스도를 사랑하는 우리, 하나님 나라의 상속자인 우리를 하나님이 위하시면 우리를 대적할 자 누구입니까. 하나님의 자녀로서 성령 하나님이 우리와 함께 하시면 새로운 피조물로 거듭나서 땅 끝까지 그리스도의 증인이 될 만큼 변화가 옵니다.

요한일서 5장 1~8절, 요한복음 13장 34절, 로마서 8장 31~32절,
고린도후서 5장 17절, 사도행전 1장 8절

이 세상 지식으로는
이해할 수 없는
예수님의 부활

하나

죽음을 이기고 부활하신 예수 그리스도를 믿는 믿음이 부활 신앙입니다.

부활 신앙을 소유하면 하나님이 우리의 모든 눈물을 닦아 주시고 다시는 사망이 없으며 애통하는 것이나 곡하는 것이나 아픈 것도 없습니다. 이것은 사망 권세 잡은 처음 것들이 다 지나갔기 때문입니다.

부활 신앙이란 그리스도의 빛의 능력을 가지고 죽음의 세력을 잡은 자, 마귀를 멸하는 것입니다. 사망 권세 잡은 존재, 사탄의 일을 보는 영적인 눈이 없으면 영적 무지에 빠져 사탄의 장난질에 의해 진짜 심각한 영적 문제가 찾아옵니다.

부활을 믿지 않는 틀린 신앙을 가졌던 사두개인들은 예수 그리스도를 조롱하는 틀린 질문만 하였습니다. 일곱 남자와 결혼한 여자가 죽으면 천국에서 누구의 아내냐는 것입니다.

결혼만 하면 남자가 죽는 여인의 재앙을 막는 길이 무엇인지가 종교 지도자로서 해야 할 바른 질문이 아닙니까. 영적 무지 속에서 성령의 역사에 무지한 종교인들은 칼 같은 세상 지식과 세상 논리로 하나님을 대적하고 그리스도를 조롱하는 틀린 질문만 하면서 틀린 길을 갑니다.

하나님이 살아계신다고 말은 하면서 영원한 하나님에 대한 부활 신앙 없이 살면, 사는 만큼 불안과 염려, 낙심으로 고통받고, 죽기를 무서워하여 한평생 마귀의 종노릇하며 살게 됩니다.

예수 그리스도 이름으로 땅의 것에만 집착하게 만들어서 세상 지식과 수준으로 하나님의 능력을 제한하는 마귀의 일을 멸하십시오.

사망을 이기고 부활하신 예수 그리스도 이름으로 하나님의 형상을 회복하는 것이 부활 신앙입니다.

요한계시록 21장 4절, 마가복음 12장 18~27절, 히브리서 2장 14~15절

둘

세상의 지식과 논리로는 예수 그리스도의 부활을 이해할 수도 없고, 믿을 수도 없습니다. 우리 자신은 죽고 우리 안에 예수 그리스도께서 사심으로 새로운 피조물로 다시 시작하는 것, 이것이 부활 신앙입니다.

그리스도 안에서 죽은 자는 실수를 부끄러워하거나 실패 앞에서 좌절하지 않습니다. 부활 신앙을 소유하면 그리스도의 능력을 힘입어 제로 상태에서 다시 시작하는 인생의 전환점을 맞이할 수 있습니다.

병들었다, 실패했다, 위기왔다고 하기 전에 이것이 창세기 3장의 원죄를 알려주는 하나님의 계획임을 알고 창세기 3장 15절 예수 그리스도 이름으로 우리 심령을 빼앗고 죽이는 사탄과 당당하게 맞서 싸우십시오.

우리 힘이나 능력으로 되는 것이 아니라 오직 하나님의 영, 죽음을 이기고 부활하신 그리스도의 영으로 되는 것입니다.

생명의 빛으로 오신 그리스도의 영이 우리 몸에 임하는 순간 사망에서 생명으로, 어둠에서 빛으로 나아와 총체적 치유의 증거가 일어납니다.

갈라디아서 2장 20절, 고린도후서 5장 17절, 마태복음 12장 25절, 스가랴 4장 6절

셋

창조주 하나님은 우리를 사랑하셔서 독생자 예수 그리스도를 보내주셨습니다.

사랑은 하나님께 속한 것이니 하나님은 사랑이십니다. 사랑은 하나님의 본질적인 성품입니다.

우리가 하나님을 사랑한 것이 아닙니다. 하나님이 우리를 먼저 사랑하사 우리 죄를 대속하기 위하여 예수 그리스도를 화목제물로 보내셨으니 하나님의 사랑은 헌신적인 사랑, 자신을 부인하는 사랑, 구원을 주는 사랑입니다.

하나님을 안다고 하면서 서로 사랑하지 않는 것은 불신앙입니다. 가장 미운 사람부터 사랑해 보십시오.

우리 안에는 불신앙으로 내전을 일으키는 마귀가 있습니다. 마귀의 일을 멸하기 위해 오신 예수 그리스도의 사랑으로 생각 속에서 원망, 불평, 핑계로 내분을 일으키는 마귀의 일을 꺾어버릴 때, 하나님은 우리를 흑암의 권세에서 건져내어 그리스도의 나라로 옮겨주십니다.

예수 그리스도 이름으로 원죄에 묶여 무속과 점술에 사로잡힌 영적인 병, 본능적이고 직관적인 감정으로 살면서 고독에 몸부림치는 정신적인 병, 시간이 지날수록 찾아오는 육신의 질병이 치유되기를 기도하십시오.

우리 영혼이 잘됨과 같이 범사에 잘되고 강건해지는 것이 우리를 향한 하나님의 사랑이고 뜻입니다.

요한복음 3장 16절, 요한일서 4장 8~11절, 골로새서 1장 13절, 요한삼서 1장 2절

넷

예수 그리스도의 영은 살리는 영입니다.

흙에 속한 자는 흙에 속한 자 같고 하늘에 속한 자는 하늘에 속한 자 같으니 하늘에 속한 우리는 하늘에 속한 그리스도의 형상을 입는 것이 마땅합니다.

예수 그리스도의 형상을 입은 우리의 책임은 사랑을 실천하는 것입니다. 예수 그리스도를 영혼에 담으면 신령한 사람이 되어 서로 사랑할 수 있습니다. 사랑을 실천하면 그리스도 안에 있는 지혜와 지식의 보화가 우리의 것이 됩니다.

하나님은 우리가 흑암에 덮여 죄의 사슬에 묶여있을 때, 여러 가지 약한 것들로 인해 실패의 자리에 있을 때, 그리스도의 능력이 우리 몸에 머물게 하셨습니다. 사도 바울이 그랬듯이 능욕과 궁핍과 박해와 곤고를 기뻐할 수 있는 것은 우리가 약한 그 때에 그리스도의 강함이 있기 때문입니다.

자신의 목적이 아닌, 이 세상의 재앙을 막아주기 위하여 우리의 입을 열어 그리스도의 사랑과 복음의 비밀을 담대히 말할 수 있도록 기도하십시오.

그리하면 그리스도의 사랑을 실천하는 예수 그리스도의 제자가 될 수 있습니다.

고린도후서 12장 9~10절, 고린도전서 15장 45, 48~49절

B

THE CHRIST
하나님의 힘

다윗 왕이
주라 칭한 그리스도,
그 이름

하나

양을 치던 목동 다윗은 그리스도의 계보 안에서 언약의 흐름을 타고 하나님의 은혜를 받아 이스라엘의 왕이 되었습니다.

땅의 계보가 아니라 위로부터 온 그리스도의 계보는 창세기 3장 15절, 메시아의 계보로부터 시작됩니다.

하나님이 주신 메시아의 계보 안에서 아브라함과 이삭과 야곱은 거부가 되었고 다윗은 시냇가에 심기운 나무처럼 만사에 형통하여 복 있는 사람이 되었습니다. 다윗 왕의 고백대로 복 있는 사람은 주야로 하나님의 말씀을 묵상하고 적용하여 악인의 꾀에 속지 않고 죄인의 길에 서지 아니하며 오만한 자의 자리에 앉지 않습니다.

압살롬이 배신하여도, 시므이가 온갖 모함을 다하고 욕지거리를 해도 그리스도를 주라 칭했던 다윗 왕이 그들을 벌하지 않고 침묵하며 기도만 했던 이유는 우리의 싸움이 혈과 육에 관한 것이 아니라 하늘에 있는 악한 영과의 싸움임을 알고 있었기 때문입니다.

다윗 왕이 주라 칭한 그리스도, 그 분이 우리의 주가 되면 하나님과 사람 앞에서 겸손한 사람이 됩니다.

창세기 3장의 원죄적 DNA로 인해 마귀의 꼭두각시가 되어 가스라이팅을 당했던 운명에서 빠져나와 다윗 왕이 주라 칭한 그리스도, 창세기 3장 15절에 담긴 그리스도의 권세와 권위를 사용하면 하나님이 우리를 증명하셔서 모든 피조물이 우리 앞에 복종하며 우리를 통해 하나님의 나라가 확장되어 많은 사람들에게 칭찬받는 매력적인 그리스도인으로 살게 됩니다.

마가복음 12장 35~37절, 사무엘상 16장 13절, 시편 1편 1~3절, 11편 1절,
고린도후서 10장 5절, 마태복음 1장 1절

둘

하나님은 선지자 사무엘을 통해 다윗을 기름 부어 왕으로 세우시고 친히 증언하여 인증하셨습니다.

'내가 이새의 아들 다윗을 만나니 내 마음에 맞는 사람이라 내 뜻을 다 이루리라'고 하나님이 인정하신 다윗은 하나님의 마음에 딱 맞는 그리스도의 사람으로서 여호와 하나님을 믿는 믿음으로 성실하였고 양을 치는 전문인으로서 공교한 손으로 하나님의 역사를 증거하였습니다.

조금 연약하고 부족해도 그리스도 계보 안에서 그리스도, 그 이름의 권위와 권세를 알면, 사울 왕을 부리는 악령이 다윗의 찬양을 듣고 떠나갔듯이 귀신의 역사가 몸에서 떠나 영적인 문제가 치유되고, 거대해 보이는 골리앗을 다윗이 무찔러 이겼듯이 이 세상의 모든 피조물이 무릎을 꿇습니다.

다윗이 주라 칭한 그리스도의 권위와 권세도 없이 자녀들을 세상적 자신감으로 착각하게 만들면, 어느 날 반드시 영적인 문제가 찾아옵니다.

'이것이 옳다, 저것이 옳다'하며 혼미해지지 말고, 오직 그리스도 이름으로 하나님을 대적하여 높아진 것부터 복종시키십시오.

그리스도의 권위를 가지고 통치하고 그리스도의 권세를 가지고 다스리는 자리에 앉아 모든 피조물을 정복하고 그리스도의 영으로 충만하십시오.

마음과 목숨과 뜻을 다하여 그리스도를 사랑하고 그리스도의 권위와 권세를 소유하고 사용하면, 하나님이 우리를 하나님의 자녀로 증명하십니다.

사도행전 13장 22절, 사무엘상 17장 45절

셋

소크라테스는 '너 자신을 알라'고 하지만 성경은 '우리 자신부터 점검하라'고 말합니다.

우리의 운명을 바꾸는 해답이 있으면 낙심할 필요도 없고, 교만할 이유도 없습니다. 답답한 문제 속에서 고요히 예수 그리스도 이름으로 기도하면 하나님은 반드시 역사하시고 응답하십니다.

하나님이 주신 그리스도의 권세와 권위를 사용하십시오.

세상적 방법으로 문제를 해결하려고 하는 것은 악인의 꾀를 좇는 것이고 죄인의 길에 서는 것이며 오만한 자의 자리에 앉는 것입니다. 다윗 왕이 경배한 그리스도는 만물의 근본이요, 으뜸이 되는 주시며 죽은 자 가운데서 살아나신 부활의 주시고 우리의 운명을 바꾸는 해답이며 복음의 본질입니다.

지긋지긋한 인간적 감정을 가지고 마귀가 각인시켜놓은 원죄적 기질로 살면 하나님을 믿고 싶어도 믿지 못하고 깨닫고 싶어도 깨닫지 못합니다.

결국은 일평생 죽기를 무서워하는 마귀의 종이 되어 어둠과 허무와 혼돈 속에 갇힌 채, 각종 종교와 무속으로 시달리면서 진노의 자녀로 살아갈 수밖에 없는 것입니다.

이제부터 버릴 것은 버리고 찾을 것은 찾아서 하나님이 주신 그리스도의 권세와 권위로 세울 것을 세우면, 우리의 삶이 분명히 달라집니다.

시편 1편 1~3절, 로마서 8장 15절, 에베소서 2장 1~2절, 요한계시록 21장 8절

전통과 규례를 초월하는 그리스도

하나

간음한 여인을 찾아내고 끌어내어, 망신을 주고 죽이는 잔혹한 종교의 현장을 보십시오. 원죄를 모르면 사람을 이해하고 사랑하고 포용할 수 없습니다. 율법을 이용하여 겁주는 자들을 그리스도 이름으로 대적하십시오.

율법은 우리로 하여금 창세기 3장의 원죄를 깨닫게 하여 그리스도께 인도하는 초등교사일 뿐입니다.

창세기 3장 15절, 원시 복음은 수렁에 빠진 자, 실수하고 실패하여 넘어진 자를 일으켜 세우라고 하나님이 우리에게 주신 것입니다. 그래서 믿음의 핵심은 창세기 3장 15절입니다.

죄와 허물로 죽었던 우리를 살리신 그리스도의 영으로 우리 자신을 살려내지 않으면 세상 풍습을 좇고 불순종의 영을 받아 본질상 진노의 자녀로 살아갑니다.

사탄이 만들어 놓은 영적 통로를 완전히 차단하십시오. 분쟁을 일으키거나 거치는 자가 되지 마십시오. 자신의 배만 섬기는 교활한 말을 삼가야 합니다.

광명의 천사로 위장하여 권력 가진 자 앞에서는 아첨하는 말로 유익을 챙기고 순전한 자들을 끌어다가 돌 던지는 바리새인 종교인의 행위에 겁먹지 말아야 합니다.

그리스도 없이 쟁취한 힘과 성공을 부러워하지 마십시오. 세상 풍습을 좇는 그들은 본질상 진노의 자녀들입니다.

선한 데 지혜롭고 악한 데 미련해야 합니다. 연약한 우리를 불러 강한 자를 부끄럽게 하시고, 무능한 우리를 불러 그리스도 안에 있는 지혜와 지식을 주신 하나님, 죄와 사망의 법을 이기시고 자유와 해방을 주신 예수 그리스도를 찬양하십시오.

갈라디아서 3장 24절, 에베소서 2장 1~3절

둘

창세기 3장 15절, 메시아 그리스도는 죄와 사망의 법, 사탄의 올가미에서 우리를 해방시키는 노예 폐지법입니다.

자유와 해방을 주는 그리스도의 법을 모르면 사탄의 함정과 올무에 묶여 나쁜 마음을 가지고 모략을 꾸미는 옛사람의 틀에서 벗어나지 못합니다.

그리스도는 하나님의 형상이십니다. 이 세상 신, 창세기 3장에 출현한 사탄은 믿지 않는 자들의 마음을 혼미케 하여 그리스도의 영광, 복음의 광채가 사람 속에 비치지 못하게 합니다.

하나님의 형상을 회복해야 나쁜 마음이 사라집니다. 그렇지 않으면 마귀의 시스템 속에서 허우적거리며 살다가, 믿었던 사람을 통해서 올가미에 걸리는 문제가 찾아 왔을 때, 불화살을 맞고 무너집니다.

법관 중에 기독교인이 많고, 국회의원 3분의 1이 기독교인이라고 하는데 왜 기독교는 더욱 찌질하고 싸늘하고 추하게 타락하는지 들여다봐야 합니다.

원죄, 창세기 3장의 문제를 해결하지 못하면 사탄의 노예가 되어 어떻게 살아야 하는지 방향이 보이지 않아, 죄의 권세에 장악되어 악한 습관을 끊을 힘도 없고 바꿀 힘도 없어서 체질 따라, 고집 센 상태로 살면서 팔자타령 하다가 연속적인 실패를 맛보게 됩니다.

부모의 운명적 삶을 본 자식이 부모처럼 살지 않겠다고 집을 떠날지라도, 부모의 영적 문제는 칠십칠 배나 가중되어 자녀에게 나타납니다. 이것이 영적 유산입니다.

창세기 3장의 근본 문제에 무지한 바리새인, 사두개인, 서기관, 종교지도자들은 원죄 문제를 해결하기보다는 인품, 성품의 가면을 쓰고 의롭게 사는 척 몸부림칩니다.

그런 그들이 결국 어떤 일을 저질렀습니까. 메시아로 오신 하나님, 예수를 십자가에 못 박아 죽이는 살인자로 돌변하였습니다.

그들이 내세웠던 고결한 인격으로 저지른 일은 무엇입니까. 간음하는 현장에 쳐들어가 여자를 끌어내어 예수님 앞에 끌고 가, 성경의 율법까지 제시하면서 예수님께 대들었습니다. 자신의 원죄를 모르면 이렇게 무서운 악마로 돌변합니다. 이것이 지금 우리가 살고 있는 창세기 3장의 현장입니다.

창세기 3장의 운명을 우리 몸에서 확인하게 되면 그 누구도 정죄하거나 판단하지 않습니다.

간음하다가 끌려온 여인, 율법의 돌에 맞아 죽을 위기에 처한 이 여인 앞에서 예수님은 몸을 굽히시고 흙먼지 날리는 바닥에 무언가를 쓰셨습니다.

'너희 중에, 창세기 3장, 사탄의 유혹에 걸려들지 않은 자가 먼저 돌로 쳐라.'

목사, 장로, 권력자, 그 누구도 인간의 한계에서 벗어날 수 없기에, 우리 예수님은 이 땅에 오셔서 악마로 돌변한 우리의 완악함을 깨닫게 하시고 예수 그리스도 이름으로 구원과 해방과 자유를 주신 것입니다.

간교한 뱀의 머리를 밟아버린 창세기 3장 15절을 소유하면 인간의 한계를 인정하고 누구든지 수용하고 포용하고 사랑하는 신사적이고 매력적인 그리스도인이 됩니다.

고린도후서 4장 4절

셋

예수님은 간음한 여인을 끌어다가 돌로 쳐 죽이려는 유대인들에게 헤롯 성전 헌금함 옆에서 말씀하셨습니다. '나는 세상의 빛이니 나를 따르는 자는 어둠에 다니지 아니하고 생명의 빛을 얻으리라'

습관적으로 예배드리고 기도하며 헌금하는 종교인들은 창세기 1장 2절의 흑암과 공허와 혼돈에 잡힌 채 창세기 3장 사탄의 속임수에 걸려들어 하나님같이 되어 보려는 교만함으로 인해 간음한 여인을 정죄하고 심판하고 돌로 칩니다.

돈이 우상이 되면, 돈이 많아도 갈등이 생기고, 없으면 불평이 나오며, 헌금한 것 가지고 교회에서 군림하려 하고, 결국 돈에 따라 마음이 요동치다 타락하게 됩니다.

돈의 굴레에 묶이지 마십시오. 감사도 없이, 진리도 없이 율법으로 정죄하고 판단하며 습관적으로 교회만 다니는 종교적 옛 틀에서 벗어나야 합니다. 종교적 독소를 뽑아내십시오. 예수 그리스도는 진리의 영이십니다. 진리의 영, 그리스도를 따라가십시오. 진리의 영은 우리를 모든 것으로부터 자유케 합니다. 생명의 빛, 그리스도 안에 거하십시오. 예수 그리스도는 우리를 고아와 같이 버려두지 않으십니다.

창조주, 하나님의 뜻은 예수 그리스도를 보고 믿는 자마다 영생을 얻는 이것입니다.

그리스도는 지상 최고의 가치입니다. 하나님의 비밀 중의 최고 비밀, 그리스도 안에는 지혜와 지식의 모든 보화가 감추어져 있습니다.

빛이신 예수 그리스도를 알고, 믿고, 보고, 믿지 못하면 습관적으로 말씀을 읽고 기도하면서 교회를 다니다가 결국, 요한복음 8장 44절 어둠의 자식, 욕심쟁이, 거짓말쟁이가 되어 진리도 없이 진리가 있는 척 흉내만 내면서 갈등하고 방황합니다.

창세기 3장 15절, 하나님이 주신 언약, 메시아, 그리스도 이름으로 우리 힘으로 우리의 감정에 살며 무속의 영에 휘둘려 거짓말로 가짜 인생을 살게 만드는 사탄의 머리를 밟아버리십시오.

위로부터 오는 새 힘, 그리스도의 힘이 우리에게 임하면 하나님의 사랑이 보이고 감사가 회복됩니다.

요한복음 8장 20절, 12절, 32절, 14장 18절, 6장 40절, 골로새서 2장 2~3절

넷

1초 전도 과거입니다. 하나님의 말씀, 그리스도는 현재진행형입니다. 다윗의 열쇠를 가지신 예수 그리스도께서 열면 닫을 자 없고, 닫으면 열 자가 없습니다. 그러니 어떤 일이 일어나도 괜찮습니다.

길이 막혀있어도 괜찮고 길이 없어도 괜찮습니다. 새 일을 행하시는 하나님이 광야에 길을 내시고 사막에 강을 내십니다.

먹을 것이 없어도 괜찮습니다. 오병이어의 역사를 일으키신 하나님이 우리에게 먹을 것을 채워주십니다.

실패했더라도, 질병이 찾아 왔어도 두려워하지 마십시오. 우리에게 구원을 주시려고 만왕의 왕으로 오신 예수 그리스도께서 막아주시고 치료해주십니다. 혼인잔치 집에 문제가 와도 괜찮습니다. 예수 그리스도를 주인으로 섬기는 순간 물이 변하여 포도주가 됩니다.

무능해도 괜찮습니다. 우리에게 능력 주시는 그리스도 안에서 무엇이든 할 수 있습니다. 지혜가 없어도 괜찮습니다. 후히 주시고 꾸짖지 아니하시는 하나님께 구하면 주십니다.

죄를 지었어도 괜찮습니다. 간음한 여인을 용서해주신 예수 그리스도께서 십자가 보혈로 우리 몸을 깨끗하게 하셨습니다. 죄와 사망의 법에서 생명의 성령의 법으로 우리를 해방시키신 그리스도 안에 있으면 더 이상 정죄함이 없습니다.

구원의 여망이 끊어질 만큼 거친 풍랑을 만나도 괜찮습니다. 풍랑을 잠잠케 하시는 하나님은 우리에게 안심하라고 말씀하십니다.

응답이 당장 없어도 괜찮습니다. 그리스도의 때가 되면 하나님의 영광을 보게 됩니다.

하나님의 영광은 그리스도십니다. 우리 안에 그리스도의 증거가 있는지 지금, 점검하십시오. 하나님이 주신 복음을 일인칭으로 각인시켜서 체질화하는 복음화가 되어야 변화의 역사가 일어납니다.

복음이 아닌, 복음화의 흐름을 타십시오. 흑암 경제를 이길 수 있는 빛의 경제와 흑암 문화를 개혁할 빛의 문화를 하나님이 주셔서 경쟁자 없는 축복을 받게 됩니다.

요한계시록 3장 7절, 이사야 43장 19절, 요한복음 2장 1~11절, 빌립보서 4장 13절,
야고보서 1장 5절, 요한복음 8장 11절, 요한일서 1장 9절, 로마서 8장 1절,
빌립보서 1장 1~9절

다섯

하나님은 우리를 하나님의 신부로 선택하시고 사랑하셨습니다.

이 세상을 친구 삼는 것은 스스로 하나님과 원수 되는 간음입니다.

하나님과 원수 되는 육신의 생각과 하나님의 법에 굴복하지 않는 억울한 마음, 시기, 질투, 욕심, 거짓말을 숨겨두고 신랑의 이름을 부르는 것이 위선적 기도입니다.

사탄이 마음에 가득하여 하나님의 영, 성령을 속인 아나니아 삽비라 부부는 재산의 절반을 바치고도 3시간 간격으로 쌍묘의 비극을 당하였습니다.

하나님은 성령을 속이는 위선자, 간음하는 자를 싫어하십니다. 하나님을 속이는 위선적 기도와 헌신은 응답이 없습니다. 먼저 하나님께 순복하십시오. 마귀를 대적하십시오. 그리하면 하나님과 원수 되는 육신의 생각이 사라지고 영의 생각으로 변화되어 생명과 평안이 찾아옵니다.

이사야 54장 5절, 야고보서 4장 4절, 로마서 8장 7절, 야고보서 4장 7절,
로마서 8장 6절, 사도행전 5장 6절

<u>여섯</u>

세상의 지식은 알고 믿는 것이지만, 하나님을 믿는 믿음은 예수 그리스도를 믿는 믿음을 통해 참된 믿음에 이르는 것입니다.

그리스도를 일인칭 하지 않으면 간음한 여인처럼 세상과 벗하게 됩니다. 세상과 벗하면 잠깐의 쾌락으로 곤고함과 갈등과 시험이 옵니다.

예수님을 핍박했던 예수님의 동생, 사도 야고보는 세상과 벗하면 하나님과 원수되어 영적으로 병들게 되고 결국은 문제를 만들어 내는 생산공장이 된다고 하였습니다.

예수 그리스도의 권세를 잃어버리면 순간 분이 나서 말쟁이로 전락하여 변론 하고 쟁론하다가 마귀에게 기쁨을 빼앗깁니다.

'그리스도 이름으로 마귀를 대적하라 그리하면 피하리라'

로마서 1장 17절, 야고보서 4장 4절, 7절

일곱

지구상에 의인은 없습니다. 내면의 거짓말과 욕망은 숨겨두고 착한 척하지 마십시오. 죄의 삯은 사망입니다.

이 세상의 재앙 시스템에서 빠져나오는 길부터 찾아야 합니다. 무저갱으로 들어가야 하는 원죄적 운명부터 해결해야 합니다.

깊숙이 박혀 있는 자신의 원죄적 근원을 하나님 앞에서 숨기지 않았던 아브라함은 반복된 실수에도 불구하고 오히려 그랄 왕으로부터 재물을 취하였습니다. 실수는 아브라함이 했는데, 벌은 그랄 왕, 아비멜렉이 받았습니다.

남편을 다섯이나 두었던 우물가 여인은 예수님을 만나는 순간 비참한 운명에서 빠져나왔으며, 간음한 여인은 세상의 빛으로 오신 예수 그리스도를 만나는 순간 돌에 맞아 죽을 운명에서 빠져나와 더 이상 어둠의 길을 걷지 않았습니다.

수치와 부끄러움 속에 살며 불신앙의 말만 했던 중풍병자는 네 명의 좋은 친구들 덕분에 예수님을 만나 구원받고 삶의 균형도 회복되었습니다.

운명의 문제는 몸부림쳐서 풀어질 일이 아닙니다. 지금까지 사탄의 심부름하면서 살아온 인생 가운데 중요한 것을 빼앗기고 도적질 당했음을 깨닫고 우리 자신을 마귀의 씨에서 하나님의 자녀로 바꿔버리면 모든 문제 끝입니다.

자칭 하나님을 잘 믿는다고 하는 유대인들이 무가치한 논쟁을 벌일 때 예수님이 직접 말씀하셨습니다. '너희는 너희 아비 마귀에게서 났으니 너희 아비의 욕심대로 너희도 행하고자 하느니라 그는 처음부터 살인한 자요 진리가 그 속에 없으므로 진리에 서지 못하고 거짓을 말할 때마다 제 것으로 말하나니 이는 그가 거짓말쟁이요 거짓의 아비가 되었음이라'

예수 그리스도를 구원의 주로 영접하여 성령의 내주, 인도, 역사 속에서 우리 내면에 깊이 뿌리박혀있는 더러운 귀신을 내어쫓으면 즉각 하나님의 나라가 임합니다.

마귀의 일을 멸하는 비밀, 창세기 3장 15절 메시아 그리스도가 새 술입니다. 혼합된 종교사상으로 낡아버린 헌 부대에 새 술을 넣지 말고 새 술은 새 부대에 넣으십시오. 그리하면 기쁨이 있고 재미가 있는 새로운 인생 길을 가게 됩니다.

요한복음 8장 44절, 1장 12절, 마태복음 12장 28~29절

여덟

아직 죄인이었던 우리를 불러 친구 삼아주신 예수님의 사랑을 찬양하면 삶의 구석구석 변화가 옵니다.

하나님이 우리에게 주시는 것은 두려워하는 마음이 아니라 오직 능력과 사랑과 절제하는 마음입니다.

하나님의 언약을 계승할 레위 지파임에도 불구하고 로마의 권력에 빌붙어 유대 민족을 괴롭히던 세리를 불러 예수님은 말씀하셨습니다.

'건강한 자에게는 의사가 쓸데없고 병든 자에게라야 쓸데 있느니라 나는 의인을 부르러 온 것이 아니요 죄인을 부르러 왔노라'

바리새인 서기관과 유대 종교인들은 변화 받고 싶어 결단하고 예수님을 따라간 세리를 비난하며 낙인을 찍었을 뿐 아니라, 죄인을 친구 삼아주신 예수님에게도 시비를 걸었습니다.

개인의 변화도 없이 여론을 조성하여 군중을 충동질하는 비즈니스 교회는 교회가 아닙니다. 교회는 그리스도의 영이 임재하는 곳입니다. 군중의 말이나 기득권에 눌리지 말고 오직 그리스도에 집중하십시오.

예수님의 부름에 즉시 따라나선 세리처럼 죄성이 똬리를 틀고 있는 자신을 변화시키리라 결단할 때, 예수님은 원하셔서 우리를 부르시고 함께 하시며 더러운 귀신을 내어쫓는 권능도 주십니다.

예수 그리스도 안에 있는 권능으로 자신과 영적 전쟁을 하면 어떤 결단을 내려야 할지 아는 분별력이 옵니다. 하나님의 은혜와 사랑을 받은 우리는 죄인까지도 친구 삼아야 합니다.

예수 그리스도의 권능으로 우리 자신이 먼저 변화를 받으면 이웃을 사랑하게 됩니다. 죄인이었던 우리를 불러 친구 삼아 주신 예수님의 사랑을 받았으면 마음껏 이웃을 사랑하십시오.

예수 그리스도의 권능으로 지난날의 상처와 약점을 이해하고 초월하면 사랑과 절제의 힘을 가지고 세리라도 친구 삼는 매력적인 그리스도인이 될 수 있습니다.

디모데후서 1장 7절, 마가복음 2장 17절, 3장 13~15절

아홉

하나님은 하나님의 자녀인 우리가 서로 사랑하며 재미있게 살기를 원하십니다.

무가치한 종교적 논쟁을 버리십시오. 율법에 매여 자신들의 의를 가지고 금식을 하느니 마느니 시비만 거는 바리새인, 유대 종교인들에게 예수님은 말씀하셨습니다.

'새 술은 새 부대에 넣으십시오.' 잔칫날 위선 떨지 말고 진짜 신랑이신 메시아, 그리스도와 함께 기뻐하라는 의미입니다.

사랑도 없고 재미도 없이 율법에 눌려서 금식만 하면 아무런 의미도 없습니다. 복음의 의미도 모르고 금식만 하면 사탄의 충동질에 속아 병만 얻습니다. 모세는 40일간 시내 산에서 금식하고도 우상을 만든 이스라엘을 보자마자 분을 참지 못하고 하나님의 돌판을 깨뜨려버렸습니다.

하나님이 기뻐하시는 진짜 금식은 흉악의 결박을 풀어주며, 죄의 줄을 끌러주고 원죄로 인해 압제당하는 자들을 자유케 하며 사탄의 멍에를 꺾어버리는 것입니다.

새 술은 새 부대에 넣으라는 것은 옛사람의 체질대로 살지 말고 새사람으로 살라는 뜻입니다.

이것저것 끌어다가 하나님을 믿는 척하는 혼합주의적 종교 사상을 버리고 마귀에게 당했던 옛사람의 체질부터 버리십시오. 우리 심령 가운데 그리스도를 담아 예수 그리스도로 충만해지면 우리 인생에 새로운 패러다임이 열립니다.

하나님은 이 세상의 모든 무릎을 예수 그리스도 이름 아래 꿇게 하셨으니 당당하십시오.

살아계신 하나님, 예수 그리스도만이 우리 삶의 주인이시라는 유일성으로 답을 내고 우리 영혼을 장악하고 있는 마귀의 일을 깨뜨려버리면, 변화도 없고 재미도 없고 기쁨도 없는 종교 생활에서 벗어나 행복하게 새로운 인생 길을 갈 수 있습니다.

마가복음 2장 18~22절, 출애굽기 32장 19절, 이사야 58장 6절,
마태복음 12장 18절, 28장 18~20절, 빌립보서 3장 20~21절

열

하나님의 소원을 마음에 새기고 살면 행복해집니다. 사람의 일이 아닌 하나님의 일 속에 있으면 현장의 분위기를 압도할 수 있는 힘이 옵니다. 그러나 사람의 일에 빠져 있으면 공허한 율법 타령하면서 시비만 걸다가 분노의 불꽃이 일어나서 현장의 분위기를 망쳐놓습니다.

그리스도가 있으면 사랑을 심고 기쁨을 심습니다. 그리스도가 없으면 분노의 불꽃이 일어납니다. 오직 그리스도로만 현장의 분위기를 바꿀 수 있습니다. 율법 타령하면서 시비 걸지 말고 생명부터 살려야 합니다.

안식일에 중풍병자를 고쳐주시고 손 마른 자를 고쳐주신 예수님께 시비 거는 종교지도자들을 보십시오.

세리 마태를 불러 함께 먹었다고 시비 걸고 안식일 날 제자들이 밀을 훑어 먹었다고 시비 거는 것은 영광 본체이신 하나님, 예수 그리스도를 믿지 않기 때문입니다.

예수 그리스도는 만복의 근원이십니다. 율법은 우리를 그리스도께 인도하는 초등교사일 뿐입니다. 율법의 완성자는 그리스도이십니다. 모세의 율법은 우리에게 짐을 지워 죄에 눌리게 하는 만병의 근원입니다.

답도 없는 공허한 논쟁 속에서 시달리게 만드는 만병의 근원을 만복의 근원이신 예수 그리스도 이름으로 내어쫓으십시오. 그리하면 알파와 오메가이신 주 예수 그리스도의 은혜가 우리에게 임합니다,

예수 그리스도 이름으로 하늘과 땅의 모든 권세를 가져야만 현장을 압도하는 힘을 가지고 모든 족속으로 제자를 삼아 하나님 앞에서 작품을 남기는 세계복음화 인생을 살게 됩니다.

마가복음 3장 1~6, 15절, 갈라디아서 3장 24~25절, 요한복음 14장 17절,
빌립보서 3장 20~21절, 요한계시록 1장 18절, 3장 14절, 히브리서 1장 14절,
마태복음 28장 18~20절

열하나

그리스도의 생명이 없는 사회적 엘리트 대부분은 매력 없이 비루하게 늙어갑니다.

자칭 엘리트라고 하는 유대인들, 선민사상에 빠져있던 유대인들은 세상에서 잘 살 수 있는 최고의 전통을 가지고 있었으나 영적 무지로 인해 세상을 바라보는 육신적 눈만 밝아서 '손을 씻느냐 안 씻느냐, 맞냐 틀리냐' 시비만 걸었습니다.

씻지 않은 손이 더럽기에 손을 씻은 후 음식을 먹으라는 말은 맞는 말입니다. 그러나 그들은 사람 속에 들어있다가 나오는 것이 더욱 더럽다는 사실을 알지 못하고 전통과 유전에 따라 남을 정죄하고 비난만 일삼았습니다. 이에 예수님은 그들을 향하여 '너희 아비 마귀에게서 난 마귀의 자녀'라고 진단하셨습니다.

예수 그리스도의 피와 그리스도의 맑은 물로 씻어야 우리 몸의 더러운 것, 마귀에게 길들여진 원죄적 근원이 떠나갑니다.

사탄의 머리를 밟아버리신 창세기 3장 15절, 그리스도의 언약을 무시한 이스라엘은 엄청난 경제 파워를 가지고도 주변 나라로부터 미움을 받아 지금도 전쟁의 공포 속에서 살고 있습니다.

오늘날의 엘리트 또한 전통과 유전, 사상과 이념에 묶여 가정은 물론, 사회적 정치적으로 복잡하게 얽혀서 분파를 만들어 분열을 일으키고 있습니다.

이와 같이 어른들이 분리되어 싸울 때 자녀들은, 병들어가고 소망을 잃어버립니다. 이 문제를 해결하라고 하나님이 주신 언약이 창세기 3장 15절, 원시복음이고 언약대로 우리에게 오신 분이 예수 그리스도이십니다.

가문에 찾아오는 재앙과 저주, 개인이 범하는 자범죄는 자신의 힘으로는 해결할 수 없습니다.

그리스도 예수 안에 있으면 악한 양심으로부터 벗어나 맑은 물로 몸을 씻음과 같이 되어 참 마음과 온전한 믿음으로 하나님 앞에 온전하게 나아갈 수 있습니다.

우리의 자녀들이 실패의 길을 가지 않도록 언약적 축복 안에 딱 붙어있으십시오.

자녀들에게 찾아온 원죄적 습관을 끊어주는 부모가 되어 하나님을 경외하는 삶과 경제를 정복하는 법을 가르쳐서 요셉과 같은 총리로 키웁시다.

이 시대의 교회가 전통과 유전으로 성도를 비난하고 정죄하여 죄책감을 심는 타락한 종교사상에서 벗어나 악독한 원죄적 근성을 뽑아버리는 복음적 생명 공동체가 되고, 24시간 기도의 불을 끄지 않는 기도의 뜰, 후대를 복음적 엘리트로 키우는 어린이의 뜰을 만들어 작은 것이라도 하나님께 드리는 헌신을 가르치면 전 세계에 복음을 전할 이방인의 뜰을 만들 만큼 영적인 축복과 경제의 축복을 누리게 됩니다.

마태복음 7장 1~23절, 요한복음 8장 44절, 히브리서 10장 22절

<u>열둘</u>

예수님은 중풍병자를 고쳐주시기 전에 '네 죄 사함 받았다'고 말씀하셨습니다. 죄 사함을 받아야 구원에 이릅니다. 예수 그리스도를 영접하여 구원을 받으면 영과 혼과 몸에 치유의 역사가 일어납니다.

중풍병과 무기력, 무능으로부터 일어나 걷는 길, 죄의 권세에서 해방되는 길이 곧 그리스도이십니다. 중풍병이 치유되었다면 그 증거를 가족과 이웃에게 보이고 하나님의 일을 시작하십시오. 우리를 구원하신 하나님은 우리를 위해 싸우시는 만군의 여호와이십니다. 구원받은 우리를 방해하는 자는 하나님이 알아서 정리해주십니다.

요셉 한 사람의 믿음으로 이스라엘을 구원하신 하나님은 구원의 여망이 끊어진 풍랑 속에서도 바울을 구원하셨습니다. 중세교회의 타락 속에서도 마르틴 루터 한 사람의 믿음을 통해 오늘의 우리를 구원하셨습니다.

하나님의 말씀은 마귀에게 빼앗긴 채 사람의 말만 영혼에 담고 철학과 율법에 매몰되어 정죄하면, 마음이 불안하고 답답해져 각종 질병에 걸리고 그로 인한 어려움이 찾아옵니다.

예수 그리스도 이름으로 마귀의 일을 멸하는 영적 싸움으로만 몸과 마음이 시원해집니다. 그리스도 안에 딱 붙어있으십시오.

율법은 우리를 그리스도께 인도하는 초등교사입니다. 그러나 예수 그리스도를 믿는 믿음으로 말미암아 의롭다 함을 얻는 복음을 알면 초등교사는 더 이상 필요가 없습니다.

율법의 기준에 맞추어 자신을 점검하고 묵상하다 보면 원죄적 체질에 따라 죄의 법에 사로잡힌 자신을 발견하고, 하나님 앞에서 애통해야 정상입니다.

하나님은 애통한 자에게 구원도 주시고 위로도 주십니다. 예수 그리스도의 권세로 뱀과 전갈을 밟으며 원수의 모든 능력을 제어하십시오. 구원받은 우리를 해칠 자가 결코 없습니다.

갈라디아서 3장 24절, 마태복음 5장 4절, 누가복음 10장 19절

열셋

안식일에 손 마른 자를 고쳐주신 예수님께 율법 타령을 하면서 시비걸지 말고, 마음을 다하고 뜻을 다하여 예수 그리스도를 사랑하십시오.

예수 그리스도는 우리를 위해 싸우시는 하나님, 만물을 복종시키는 하나님이십니다. 머리털 하나도 상하지 않는 비밀이 평강의 하나님, 그리스도 안에 있음을 기억하십시오.

하나님 아는 것을 대적하여 높아진 모든 것을 사로잡아 복종시키면 주 예수 그리스도의 은혜 가운데 불화살을 쏘는 악한 영들과의 싸움에서 승리합니다.

하나님의 아들, 예수 그리스도께서 만왕의 왕으로 오신 것은 마귀의 일을 멸하려 하심입니다.

그리스도 이름을 힘입어 분노의 불꽃을 일으키는 마귀의 일을 멸하라고 명령하신 하나님의 말씀을 마음에 새기고 우리 손목에 매어 기호를 삼으며 우리 집 문설주와 바깥문에 기록하면, 현장 분위기에 속거나 넘어지거나 실패하지 않습니다.

하나님이 우리에게 주신 특권, 그리스도 이름으로 현장의 분위기를 바꾸고 초월하여 남은 자, 남을 자, 그루터기를 세우십시오.

이방인의 뜰과 후대의 뜰을 만들어 하나님이 부탁하시고 소원하신 하나님의 어린 양, 그루터기를 세우고 키우는 매력적인 그리스도인이 되어야 합니다.

고린도후서 10장 4~5절, 로마서 16장 20절, 요한일서 3장 8절, 에베소서 6장 16절, 신명기 6장 4~9절, 사도행전 5장 42절, 이사야 6장 13절, 요한복음 21장 15~17절

열넷

과학은 발전하고 있는데 세상이 무너져가는 이유는 흑암이 이 세상을 장악하고 있기 때문입니다.

영적인 눈을 떠야만 무한한 하나님의 지혜와 능력을 받아서 세상을 복음으로 정복할 수 있습니다.

영적인 눈이 열리면 씻지 않은 손으로 음식을 먹는 것보다 사람 속에서 나오는 것이 더욱 더럽고 악하다는 것을 깨닫게 됩니다. 손을 씻고 안 씻고의 문제로 시비 거는 것은 전통만을 중시하는 종교사상에 빠져있기 때문입니다.

사람의 전통만 가르치면 사람 속에 있는 원죄적 본질을 해결할 길이 없습니다. 하나님의 성령을 힘입어 더러운 본질을 내어쫓아야만 하나님의 나라가 임합니다.

신앙의 본질인 언약의 의미와 그리스도의 가치를 깨닫게 되면 우리 힘으로 해결할 수 없는 영적 문제가 보입니다.

다른 사람이 지은 죄에 대하여 율법과 전통으로 정죄하거나 심판하여 주저앉히지 말고, 예수 그리스도 이름으로 일으켜 세워야 합니다.

우리는 이제, 창조주 하나님을 아바 아버지라 부를 수 있는 양자의 영을 받았으므로 그리스도의 능력이 우리 가운데 머물러 우리의 약한 데서 온전하여짐으로 도리어 크게 기뻐하고 여러 약한 것들에 대하여 자랑할 수 있는 것은 우리 주 예수 그리스도, 하나님의 은혜가 족하기 때문입니다.

오늘도 신앙의 본질을 회복하여 서로 자범죄를 지적하거나 시비 걸지 말고, 예수 그리스도 안에 있는 축복을 마음껏 누리는 최고의 날이 되기를 기도하십시오.

로마서 8장 15절, 고린도후서 12장 9절

그리스도의
유일성을 체험하는
변화산의 축복

하나

베드로와 야고보, 요한을 변화산으로 데려가신 예수님의 의도는 무엇이었습니까.

근엄한 척하면서 자유를 빼앗는 모세의 율법주의나 복음의 내용도 없이 기적만을 바라는 엘리야의 신비주의가 아닌 오직, 하나님이 기뻐하시는 하나님의 아들, 예수 그리스도만이 우리의 구원자라는 유일성을 체험하라는 것이었습니다.

변화산의 기적에 흥분하여 모세와 엘리야와 예수님을 위해 초막 셋을 짓자고 한 베드로처럼 그리스도의 유일성으로 결론 내리지 못하면 예수님을 십자가에 못 박아버린 유대 종교사상에 빠져 일상생활에서 변화와 치유의 역사를 체험하지 못합니다.

목마른 사슴처럼 갈급함을 가지고 살아가는 우리에게 가장 필요한 것은 예수 그리스도 안에 있는 재창조의 능력입니다.

영적인 눈을 떠서 영적인 변화를 체험해야만 '세상에서 빨래하는 자가 그렇게 희게 할 수 없을 만큼' 우리 몸이 깨끗해지는 재창조의 역사가 일어납니다.

전쟁과 기근, 재앙으로 고통받는 이 시대에 구원받은 하나님의 자녀로서 일상생활에서 창세기 3장 15절, 하나님이 우리에게 주신 복음을 임마누엘로 누리면 오는 세대로부터 가는 세대까지 근원적인 치유가 일어납니다.

마가복음 9장 1~13절, 열왕기상 17장 1절

둘

영적인 눈이 열리면 예수 그리스도의 유일성이 보입니다. 예수님을 교리적 하나님이나 역사적 인물로 착각해서는 안 됩니다. 예수님은 하나님의 영광 본체이시나 자신을 비워 종의 형체를 가지사 사람들과 같이 되어 십자가 죽음으로 우리의 죄를 대속하셔서 우리의 모든 문제를 끝내주신 구원자십니다.

예수 그리스도께서 우리에게 참된 자유를 주셨으니 굳건히 서서 다시는 종의 멍에를 메지 맙시다. 유대인의 율법적 종교사상에 빠지면 예수님을 십자가에 못 박은 유대인처럼 오늘날에도 예수님을 또다시 십자가에 못 박아버립니다. 성경을 기록한 목적은 예수님이 하나님의 아들 그리스도이심을 믿고 그 이름을 힘입어 영생을 얻게 하려 함입니다.

예수님이 그리스도이심을 입으로 시인하고 마음으로 믿으면 구원에 이릅니다.

하늘과 땅의 모든 권세를 가지신 예수 그리스도와 함께하는 임마누엘을 일상생활의 원동력으로 누리면 열등감과 비교의식으로부터 찾아오는 정신문제에 시달리지 않습니다.

세상 끝날까지 우리와 함께 하시는 예수 그리스도의 유일성으로 결론 내리면 변화산의 축복이 우리 인생 가운데 임하여 옛것은 지나가고 새것이 되는 치유의 역사 속에 우리의 삶이 하나님께 드리는 찬양으로 가득해집니다.

빌립보서 2장 6절, 마태복음 1장 23절, 요한복음 19장 30절, 갈라디아서 5장 1절,
로마서 16장 19~20절, 요한복음 20장 31절, 로마서 10장 9~10절,
마태복음 28장 18절, 고린도후서 5장 17절

셋

영적인 민감성을 가지고 육신덩어리로부터 찾아오는 틀린 생각을 차단하면 하나님의 축복덩어리가 됩니다.

해 아래서 행하는 모든 일은 다 헛되고 헛되서 마치 바람을 잡으려는 것과 같습니다.

선한 데 지혜롭고 악한 데 미련하십시오. 이 세상 일이 아닌, 하나님의 역사 속에서 재앙을 막아주는 하나님의 일을 해야 합니다.

세상은 알지도 못하고 보지도 못하나, 진리의 영이신 성령이 우리와 함께하심을 알고 있다면, 재앙의 문제를 해결할 수 있습니다.

어둠과 공허, 혼돈이 밀려올 때마다 평강의 하나님이 사탄을 우리 발 앞에 밟아버리셨음을 믿고 죽은 자 가운데서 살아나신 예수 그리스도 이름으로 사탄의 일을 즉각즉각 밀어내십시오. 이것이 하나님의 방법입니다.

성령의 능력을 무시한 유대종교는 18년 동안 사탄에게 매여있는 아브라함의 딸을 그 매임에서 풀어주지 못하였습니다.

성경에서는 예수 그리스도의 십자가와 부활을 무시한 유대 종교를 '사탄의 회'라고 규정하고 있습니다. 동시에 그들이 그리스도 유일성으로 결론 내린 우리 앞에 무릎을 꿇고, 얼마나 하나님이 우리를 사랑하시는지 알게 될 것임을 밝히고 있습니다.

근엄하게 보이지만 재앙을 이길 수 없는 모세의 율법주의로는 안 됩니다. 하나님을 잘 믿는 것 같이 보이지만 결정적인 순간에 도망가는 엘리야의 신비주의로도 안 됩니다.

아합 왕의 핍박을 피하여 40일간 도망간 엘리야에게 까마귀를 보내서 음식을 먹이신 하나님의 뜻은 일상생활에서 함께하시는 하나님을 체험하여 표적만을 구하는 신비주의를 뽑아버리려는 것이었습니다.

하나님이 주신 복음, 창세기 3장 15절이 각인되지 않으면 유대인의 종교사상에 의해 기사와 표적만 구하다가 무속, 점술, 악신에 잡힌 이세벨 같은 여자에게 속아서 영적인 질병으로 시달리는 재앙을 막을 수 없습니다.

겉으로는 멋있어 보였지만, 이미 악신이 들려 시달리고 있던 사울 왕의 문제는 일상생활에서 창세기 3장 15절의 복음을 누린 다윗을 통해 치유되었습니다.

영적인 변화를 체험하지 못하면 그 무엇으로도 사탄의 공격에서 벗어나지 못합니다.

육체의 욕망과 욕심에 따라 움직이는 옛 사람을 버리고 그리스도 안에서 새로운 피조물로 거듭나기를 구하십시오.

말씀이 육신이 되어 우리에게 오신 분이 예수 그리스도십니다. 예수 그리스도를 영접하면 보혜사 성령 하나님이 우리와 함께하셔서 우리의 인생 여정을 안전하게 견인하십니다.

창세기 1장 2절, 전도서 1장 13~14절, 고린도전서 12장 3절, 요한복음 8장 31절,
사무엘상 16장 23절, 다니엘 1장 8절, 히브리서 4장 12~13절,
요한복음 1장 1절, 14장 16~17절, 누가복음 13장 16절, 요한계시록 3장 9절

그리스도의
섬김의 도

_{하나}

그리스도의 섬김의 도란, 예수님이 우리를 위해 십자가에서 죽으심으로 우리의 대속주가 되어주신 것을 의미합니다.

예수님이 보여주신 섬김의 도를 가져야만 틀린 영웅심으로 살지 않습니다. 복음이 없어 죽어가는 현장에는 관심도 없이 오직 높은 자리에 올라가려고 경쟁만 하는 틀린 영웅심을 버리고 우리의 대속주로 오신 예수 그리스도를 바라봅시다.

섬김의 도를 갖춘 하나님의 자녀는 하나님의 때가 되면 하나님이 영웅의 자리에 앉혀주십니다. 이 사실을 몰랐던 예수님의 제자들은 예수님의 왼편과 오른편에서 자리다툼을 하다가 예수님의 책망을 들었습니다.

틀린 영웅심으로 살면 살수록 세상에 있는 깊은 어둠에 빠져듭니다. 율법으로는 의롭다 하심을 얻을 육체가 없기 때문입니다.

율법을 철저히 지켰던 사도 바울 자신마저도, 육체의 법과 마음의 두 법이 싸우는 곤고한 존재이기에, 대속주로 오신 예수 그리스도 안에만 있는 생명과 성령의 법으로 죄와 사망의 법에서 해방될 수 있음을 고백하였습니다.

예수 그리스도를 믿는 믿음으로 말미암아 차별 없이 의롭다 하심을 얻는 것이 하나님의 의입니다.

세상적 정의감을 가지고 양심에 호소하며 살다가 자신도 죽고 남도 죽이는 것은 마귀의 계략입니다. 창세기 3장에 출현한 뱀은 우리로 하여금 서로 핑계 대고 책임 전가하며 거짓말과 두려움 속에 살게 하는 간교한 자입니다. 이 뱀의 머리를 밟아버리신 창세기 3장 15절의 메시아가 우리의 대속주, 그리스도로 오셔서 원죄에서 해방시켜주셨다는 믿음을 가져야 합니다. 오직 예수 그리스도, 그 이름 하나로 섬김의 도를 실천하는 그리스도인이 영웅 중의 영웅입니다.

마가복음 10장 35~45절, 로마서 3장 21~23절, 7장 21~25절, 8장 1~2절, 창세기 3장 1~6절

둘

하나님께서는 우리를 한 시대를 살릴 그리스도의 주역으로 부르셨습니다. 높아지려는 마음, 스스로 영웅이 되려는 헛된 꿈을 버려야 합니다.

잘못된 영웅심, 그것은 전쟁을 부르고, 사람들의 마음을 무너뜨리며 세상을 혼란으로 이끕니다.

참된 영웅은 다른 사람들의 칭찬과 상관없이 비록 자신의 이름이 기억되지 않아도 진리를 위해 묵묵히 걸어갑니다.

참된 영웅은 섬김의 도를 아는 사람입니다. 가장 낮은 자리로 오셔서 우리의 주인이 되어주신 예수 그리스도의 섬김을 통해 세상을 치유하는 자입니다.

진정으로 영웅이 되길 원한다면, 높아지려 하기 이전에 무릎부터 꿇어 섬겨야 합니다. 가장 작은 자를 위해 헌신해야 합니다.

세상은 묻습니다. '누가 저주를 막을 자인가? 누가 재앙에서 우리를 건질 자인가?' 우리는 외쳐야 합니다. '오직 예수 그리스도, 그분만이 길이요 진리요 생명이십니다'

우리는 하나님께 부름받은 자이기에, 섬김 속에서 드러나는 그리스도의 빛으로 한 시대를 살려야 합니다.

진정한 영웅은 세상에 이름을 남기지 않습니다. 오직 하나님의 이름만을 높입니다. 섬김의 도를 실천하며 그 길을 걸어갑시다.

마태복음 16장 16절, 마가복음 10장 45절

셋

우리 몸에 자리잡고 있는 '자기중심적' 우상을 없애버리지 못하면 하나님의 절대적인 뜻을 깨닫지 못한 채, 무의미한 인생을 살다가 무저갱으로 사라집니다.

우리는 그리스도 예수 안에서 선한 일을 위하여 지으심을 받았습니다.

율법과 양심의 법이 아닌 대속주로 오신 예수 그리스도로 인하여 죄사함을 받았다는 사죄의 확신이 있습니까.

양심과 율법을 따르는 원죄적 속성을 발견했다면 복음으로 사죄의 확신을 가져야 합니다. 율법적 행위로 구원에 이르는 것이 아닙니다. 율법은 우리를 그리스도께로 인도하는 초등교사가 되어 우리로 하여금 그리스도를 믿는 믿음으로 말미암아 의롭다 함을 얻게 하려는 것입니다.

그러므로 예수 그리스도를 믿는 믿음으로 구원받은 우리는 더 이상 율법 아래 있지 않습니다.

사죄의 확신이 없으면 사랑할 수도, 겸손할 수도 없고 남을 배려할 수도, 섬길 수도 없으며 예수 그리스도의 사랑을 전할 수도 없습니다.

십자가의 원수로 살았던 사도 바울은 대속주로 오신 예수 그리스도를 만난 이후 더 이상 율법으로 남을 정죄하지 않았고, 예수 그리스도의 십자가 사랑에 젖기를 소원하였습니다.

예수 그리스도는 길이요 진리요 생명이십니다.

끊임없이 솟구치는 원죄적 속성에 따라 세상 풍습을 좇는 음란과 부정, 악한 정욕과 탐심을 마귀의 일을 멸하는 그리스도의 왕권을 가지고 내어쫓는 영적 싸움을 지속해야 합니다.

그리하면 사죄의 확신 가운데 영원한 응답과 연결되어 재앙이 넘어가는 유월절의 축복, 성령의 인도 속에서 성령 충만을 누리는 오순절의 축복, 창고에 쌓아둘 만큼 부요해지는 수장절의 축복을 누리게 됩니다.

갈라디아서 3장 24~25절, 에베소서 2장 8~10절, 요한복음 14장 6절,
골로새서 3장 5절, 요한일서 3장 8절

그리스도 안에서만
실천 가능한
겸손과 섬김의 도

하나

예수님이 메시아, 곧 그리스도이심을 부정하는 이스라엘은 율법주의에 매몰되어 전쟁을 일으키고 있고, 오늘날 교회는 '내 것, 내 것, 내 것'이라는 고집을 가지고 예수님을 빙자한 장사꾼으로 전락하고 있는 이 시대, 그리스도인으로서 그리스도의 망대를 세워서 그리스도의 이정표를 따라가야만 겸손과 섬김으로 복음의 여정을 갈 수 있습니다.

복음의 여정을 가지 않으면 모든 것이 자기 것이라는 욕심과 욕망에 빠져 타락하게 됩니다. 하나님의 능력, 그리스도를 알아야 '내 것'만 주장하는 탐욕을 내어버리는 영적 싸움을 통해 교회와 이웃을 향한 섬김과 겸손을 실천할 수 있습니다.

예수 그리스도, 그 이름의 권세로 교회를 하나되지 못하게 분열시키는 더러운 귀신을 내어쫓는 것이 영적 전쟁입니다.

겸손과 섬김은 그리스도의 권능을 체험한 그리스도인만이 실천 가능합니다.

우리 안에서의 기적은 살아계신 하나님의 아들, 예수 그리스도께서 십자가 죽음을 통해 '다 이루셨다'고 믿는 믿음을 가지고 하나님의 자녀된 신분과 권세를 누리며 사는 것입니다.

교회 안에서 일어나는 진정한 기적은 그리스도의 이정표를 따라가는 그리스도인들을 통해 겸손과 섬김의 도가 자연스럽게 일상생활 가운데 나타나는 것입니다.

마가복음 9장 30~37절, 요한복음 19장 30절

둘

겸손과 섬김의 근원은, 근본 하나님의 본체시나 하나님과 동등됨을 취하지 아니하시고, 오히려 자기를 비워 종의 형체를 가지사 사람들과 같이 되시며 자기를 낮추시고 죽기까지 우리를 대신하여 십자가에서 죽으신 예수 그리스도이십니다.

예수 그리스도는 섬김을 받기 위하여 오신 것이 아니라 도리어 섬기려 하여 자기 목숨을 우리의 대속물로 내어주심으로써 겸손과 섬김의 모델이 되어주셨습니다.

영적인 눈은 어둡고 육신적인 눈만 밝아져서 이 세상 것에 집착하여 하나님의 말씀에 불순종하는 것, 죽지 않을 것처럼 굴며, '내 것'이라 고집부리는 탐욕은 창세기 3장에서 시작된 원죄의 결과입니다.

창세기 3장 15절, 그리스도 이름으로 마귀가 길들여 놓은 옛사람의 자아를 깨뜨리지 아니하면 겸손도 안되고 섬김도 실천할 수 없습니다. 통치자들과 우상을 섬기는 자들의 탐욕이 만연하지만, 예수 그리스도는 십자가로 그들을 이기셨습니다.

십자가의 도가 멸망 받는 자들에게는 미련하게 보이나 구원받은 우리들에게는 하나님의 능력입니다.

예수 그리스도 안에서 하나님의 능력을 소유하면 하나님이 주신 것으로 마음껏 섬길 수 있고 어떤 상황에서도 겸손할 수 있습니다.

빌립보서 2장 6~8절, 마가복음 10장 45절, 골로새서 2장 15절, 고린도전서 1장 18절

셋

광명한 천사로 위장한 겸손은 참된 겸손이 아닙니다. 참된 겸손이란 연약한 어린 아이까지도 일으켜 세워 구원을 주는 전도를 말하며, 이는 자신이 구원 받은 전도의 내용이 있어야 가능합니다.

사도 바울은 일평생 예루살렘 교회를 다니고 하나님을 열심히 믿으면서도 완악하게 살 수밖에 없었습니다. 그러나 예수 그리스도를 만나 복음을 누리는 전도의 비밀을 깨달은 이후, 오직 그리스도만 따라가는 여정 속에서 죄인의 괴수라는 비방을 들어도 전혀 흔들리지 않았을 뿐 아니라 14권의 서신서를 통해 '나는 이제 다르다'고 선포하였습니다.

복음을 누린 바울은 자신이 먼저 어둠에서 빛으로, 사탄의 권세에서 하나님께로 나아와 죄사함의 은혜를 입었으니 복음을 누리는 전도, 구원을 주는 전도의 비밀을 소유하여 '로마도 보아야 하리라'고 고백하였습니다.

2,000년 전 바울에게 일어났던 성경적 역사는 우리 개인과 만남, 가정과 전문성, 살고 있는 지역에도 그대로 일어나고 있습니다.

사도행전 9장 15절, 19장 21절, 9장 3~15절, 26장 13~23절

넷

복음을 소유하면 재앙을 막아주는 전도제자의 삶을 살게 됩니다.

우리는 우리가 십자가에 못 박은 예수님이 주와 그리스도가 되어 주신 예수 그리스도의 은혜와 하나님의 사랑을 정녕히 알아야 합니다.

권세 있는 주 예수 그리스도 이름으로 이미 와 있는 욕망을 쫓아내지 않으면 서로 얽히고 묶인 올무가 되어 세상으로부터 온 육신의 정욕, 안목의 정욕, 이생의 자랑에 의해 마음과 행실이 부패하여 타락하게 됩니다. 그러므로 성경대로 오셔서 성경대로 죽으시고 성경대로 부활하신 그리스도께서 우리와 동행하심을 믿고, 날마다 자신을 쳐서 복종시키는 영적 싸움이 있어야 합니다. 이것이 기도입니다.

예수 그리스도와 동행하면서 기도하고 찬양하는 것이 영성입니다. 영성이 없으면 갈등이 찾아옵니다. 하나님은 이 갈등을 없앨 수 있도록 귀신을 쫓아내는 권세를 주신 것입니다.

그리스도의 권능으로 가난과 무능, 질병의 저주에서 빠져나옵시다. 포기하지 말고 방황하지 맙시다. 틀린 자아로 끌고 가는 사탄의 머리를 깨뜨리면 포기할 일도 없고 방황할 일도 없습니다.

이스라엘 백성이 애굽의 노예 상태에서 빠져나온 것은 몸부림쳐서가 아닙니다. 유월절 어린 양의 피를 문설주와 인방에 발랐기 때문입니다. 우리는 의식주 문제에 매여 사람을 의지하려고 하는 불신앙과 염려를 버리고 예수님만 따라 가야 합니다.

마태복음 24장 9절, 디모데후서 3장 5절, 사도행전 2장 36절, 창세기 6장 5절, 고린도전서 9장 27절, 15장 31절

다섯

예수님은 자신에게 향유를 부은 여인을 향하여 죄 사함 받은 것이 많은 만큼, 받은 은혜도 크고 그리스도를 향한 사랑도 많다고 말씀하셨습니다.

향유를 부어 긴 머리카락으로 예수님의 발을 씻겨드린 이 여인은, 지긋지긋한 운명대로 살 수밖에 없었던 지난날의 고통이 창세기 3장의 원죄로부터 시작되었음을 깨닫고, 예수님이 곧, 모든 문제 해결자 창세기 3장 15절의 메시아, 부활의 주 그리스도이심을 고백함으로써, 순교자의 삶을 살게 된 것입니다.

영혼에 대한 사랑과 관심이 없는 바리새인의 종교와 율법으로는 영혼의 갈급함을 해결할 길이 없습니다. 하나님의 명을 따라 그 신비의 계시를 따라 된 것이 창세기 3장 15절, 곧 원시 복음입니다.

창세기 3장 15절의 비밀은 영세 전에 감추어져 있다가 모태에서 짓기 전에, 배에서 나오기 전에 하나님의 계획 안에서 선지자로 택함 받은 소수의 사람들에게만 나타난 것입니다. 예수 그리스도로 사탄과 영적 싸움을 하는 소수의 사람에게만 하나님의 영광이 머무릅니다.

예수 그리스도를 믿는 믿음으로 구원을 받고 구원으로 인하여 죄사함을 받으면 평안이 옵니다.

누가복음 7장 36~50절, 에베소서 1장 4절, 예레미야 1장 5절, 로마서 16장 25~27절

여섯

이 시대, 누가 사랑과 긍휼을 실천하는 예수님의 제자입니까.

위기에 처한 사람들에게 손을 내밀어 '안심하고 일어나라, 예수님이 부르신다'고 말하여 일으켜 세우는 이가 그리스도의 제자입니다.

상한 갈대도 꺾지 않으시고 꺼져가는 심지도 끄지 않으시며 우리를 고아처럼 버려두시지 않는 하나님은 우주와 만물을 창조하신 만유의 주, 하나님이십니다.

외식하는 자들, 율법에 매인 종교주의자들은 예수님이 보여주신 섬김의 도가 무엇인지를 모르기 때문에 위기에 빠진 자를 더욱 짓누르고 정죄합니다. 십자가 죽음을 앞두고 서로 사랑하라고 계명을 주신 예수님은 만왕의 왕, 창조주 하나님이십니다.

만왕의 왕, 다윗의 혈통으로 오신 예수 그리스도의 권세로 우리 내면에 똬리를 틀고 있는 욕심쟁이, 거짓말쟁이, 열등감에 찌들어서 이간질하는 마귀 체질과 마귀의 종노릇하던 옛 신분부터 바꿔야 비로소 위기에 처한 사람에게 손을 내미는 진정한 긍휼과 사랑을 실천할 수 있습니다.

믿음, 소망, 사랑 중 제일은 사랑입니다. 사랑은 위기에 처한 이의 손을 잡아주는 것입니다. 우리가 사랑을 실천하는 것마저도 하나님의 은혜로 된 것임을 사도 바울처럼 고백할 수 있어야 합니다.

이제부터 십자가의 도를 미련한 것으로 조롱했던 유대인의 율법주의와 추악한 외식주의, 작은 것 하나도 나누지 못했던 욕심쟁이, 무책임, 이기주의와 이별하십시오.

자신의 원죄적 속성을 인정하고 오직 예수 그리스도, 그 이름으로 치유의 증거를 가진 그리스도의 제자만이 위기에 처한 이들을 향하여 손을 내밀어 '안심하라, 예수님이 부르신다'고 일으켜 세우는 진정한 사랑과 긍휼을 실천할 수 있습니다.

마가복음 10장 49절, 이사야 42장 3절, 요한복음 8장 44절, 고린도전서 13장 13절

일곱

하나님과 사귐이 있다 하고 어둠에서 행하면 거짓말하는 것이며 진리를 행하지 않는 것입니다.

하나님은 빛이시니 어둠이 조금도 없는 분이십니다. 하나님과 사귐이 있다면 일상생활에서 빛으로 어둠을 밀어내야 합니다. 어둠을 밀어내지 않는 것이 불신앙입니다. 악을 행하는 자마다 빛을 미워하여 빛으로 오지 않습니다. 이는 자기 행위가 드러날까 두려워하기 때문입니다.

어둠은 은과 금으로 떠나가는 것이 아니라 생명의 빛이신 그리스도 이름으로만 떠나갑니다.

하나님은 우리의 체질이 단지 먼지뿐임을 기억하십니다.

음란과 부정과 탐심으로 끌고 가는 땅의 지체를 빛 되신 그리스도 이름으로 죽이지 못하면 말 못하는 우상에게 끌려다닙니다. 악을 선하다 하며 선을 악하다 하고 흑암으로 광명을 삼으며 광명으로 흑암을 삼으면 화가 있을 것입니다. 그러니 예수 그리스도 이름으로 마귀의 일을 멸합시다.

육신의 한계에 묶여있는 우리를 구원하시려고 이 땅에 오신 예수 그리스도가 필요함을 간절하게 고백하여 예수 그리스도를 영접하고 의지하는 것이 진정한 겸손입니다. 우리가 아직 죄인되었을 때 그리스도께서 우리를 위하여 십자가에서 피흘려 죽으심으로 우리에 대한 사랑을 확증해 놓으셨습니다.

사도 바울의 고백처럼 이미 얻었거나 온전히 이루었다고 하지 않고 오직 그리스도 예수께 잡힌 바 되어 그리스도의 이정표를 따라 달려가는 것이 하나님의 자녀, 제자의 삶입니다.

시편 103편 14절, 요한복음 3장 20절, 빌립보서 3장 12절, 로마서 5장 8절, 고린도전서 13장 12절

그리스도 안에서만 가능한 복음적 누림

<u>하나</u>

복음적 누림은 그리스도 안에서만 가능합니다. 율법으로는 누림이 불가능합니다. 율법은 죄의 권능이기 때문입니다.

작은 자들 중 하나라도 실족하게 하면 차라리 연자맷돌을 매고 바다에 던져지는 것이 낫고, 손과 발이 범죄하면 온전한 손발로 지옥에 들어가는 것보다 손과 발을 찍어버리고 천국에 가는 것이 낫습니다. 만일 오른쪽 눈으로 범죄하면 그 눈을 **빼버리고** 한 눈으로 천국에 들어가는 것이 지옥에 던져지는 것보다 낫습니다.

그렇다고 해서, 실제로 연자맷돌을 매고 바다에 들어가거나 손발을 자르고 예배드리러 가라는 말은 아닙니다. 예수님이 진실로 지적하신 것은 종교 사상과 율법으로는 하나님의 나라로 들어갈 수 없으니, 하나님 나라를 위해 우리 안의 들보부터 뽑아내는 자신과의 영적 싸움을 통해 아무리 작은 자라도 정죄하여 실족케 하지 말라는 것입니다.

또한 태어나면서 가지고 있는 원죄적 기질로 인하여 부패한 곳을 치유하기 위해서는 짠맛을 잃지 않는 소금이 되라고 당부하셨습니다.

멸망으로 들어가는 길은 넓은 길입니다. 우리 자신이 먼저 구원을 받는 전도, 이웃에게 구원을 주는 전도를 위해 오직 그리스도의 좁은 문으로 들어가야만 하나님의 나라를 이 땅에서도 소유할 수 있습니다.

하나님은 전도의 미련한 것 속에 그리스도의 능력과 지혜, 구원의 축복을 숨겨 놓으셨습니다. 사도 바울처럼 날마다 자신을 쳐서 복종시키는 영적 싸움, 이것이 바로 구원을 받는 전도이고, 율법이 아닌 복음으로 이웃에게 하나님 나라를 전하는 것이 구원을 주는 전도입니다.

마가복음 9장 41~50절, 마태복음 7장 13~14절,
고린도전서 15장 10~11, 55~56, 31절, 1장 21절, 요한일서 3장 8절

둘

사방으로 우겨쌈을 당하고 답답한 일을 당하여도 낙심하지 맙시다.

우리가 비록 박해를 받아도 버린 바 되지 아니하며 거꾸러뜨림을 당하여도 망하지 아니하는 것은 우리가 항상 예수 그리스도의 생명을 지녔기 때문입니다.

탐욕과 재앙으로 끌고 가는 사탄의 지능으로 사는 이 시대, 악한 영과 싸워 이길 수 있는 하나님의 능력이 그리스도십니다.

우리의 간절한 기대와 소망을 따라 아무 일에든지 부끄러워하지 말고 지금도 전과 같이 온전히 담대하여 살든지 죽든지 우리 몸에서 그리스도가 존귀히 되게 합시다.

우리 자신은 죽고 그리스도께서 사시는 것이 유익한 것은 의로우신 재판장이신 예수 그리스도께서 그리스도를 사모하는 모든 이들에게 의의 면류관을 예비하셨기 때문입니다. 죽음을 능히 삼키신 그리스도께서 우리와 함께 하시므로 사망이 쏘아도 우리를 넘어뜨릴 수 없습니다.

하나님의 법에 굴복하지 못하게 하는 육신의 생각을 사로잡아 예수 그리스도께 복종시키면 생명과 평안을 주는 영의 생각으로 전환됩니다.

빌립보서 1장 20~21절, 디모데후서 4장 8절, 고린도후서 4장 8~10절,
로마서 8장 6~7절

종교 사상이 무시하고 버린 코너스톤, 예수 그리스도

하나

어떤 상황에서도 무너지지 않는 아름답고 튼튼한 집을 세우려면 흔들리지 않게 중심을 잡아주는 모퉁잇돌이 필요합니다.

코너스톤이 없는 건물은 완성될 수 없습니다.

하나님이 주신 코너스톤을 사용하지 않고 버린 것이 종교 사상입니다.

유대 종교 사상이 무시하고 버린 돌을 가져다가 모퉁잇돌로 사용하여 기초를 세운 초대교회는 집에 있든지 성전에 있든지 예수가 그리스도이심을 가르치기와 전도하기를 쉬지 아니하였기에 흔들리는 군중이 아니라, 복음으로 결론 내린 제자들이 일어났습니다.

코너스톤을 버린 이 시대는 무속, 점술, 역술, 기 운동, 명상 운동 등으로 대체종교를 만들어서 사탄에게 영혼을 내어주고 있습니다. 신접한 자와 박수를 믿지 말고 그들을 추종하여 스스로를 더럽히지 마십시오.

예수 그리스도를 무시하고 거부하게 만드는 옛사람의 자아, 교만한 종교사상을 코너스톤으로 깨뜨려버려야 유리방황하지 않고, 광란의 칼춤을 추지 않습니다.

오직 하나님이 우리에게 주신 코너스톤, 예수 그리스도를 영접하십시오. 진짜가 중심으로 들어오면 가짜가 떠나갑니다.

세 가지만 기억하십시오. 첫째, 예수 그리스도를 영접한 우리는 하나님의 자녀입니다. 둘째, 하나님의 자녀는 빛을 발하는 하나님의 대사입니다. 셋째, 하나님으로부터 전권을 위임받은 대사가 맞다면 하나님이 우리에게 주신 코너스톤, 복음으로 오신 예수 그리스도의 권세를 마음껏 누리십시오.

버려진 코너스톤을 가져다가 기초를 쌓으면, 하나님의 자녀로서 자신이 누구인지 알고 생명의 빛을 전하는 대사가 되어, 복음으로 해야 할 일을 누리는 이 시대의 주역이 됩니다.

마가복음 12장 1~12절, 사도행전 5장 42절, 레위기 19장 31절, 베드로전서 2장 9절

둘

하나님은 예수 그리스도에 대한 처음 사랑을 버릴 때 우리를 책망하십니다.

포도원 주인이 경험과 지식이 많은 농부들을 불러 포도원을 만들어 산울타리로 두르고 망대를 지어서 세로 주었습니다. 이후, 타국에 간 뒤 소출 중 얼마를 받으려고 종들을 보냈지만, 악한 농부들은 그들을 심히 때리고 능욕하여 거저 돌려보내거나 죽였습니다.

이에 포도원 주인은 악한 농부들이라도 주인의 사랑하는 아들을 존귀하게 대할 것이라고 생각하여 아들을 보냈으나, 그들은 오히려 상속자를 죽여 유산마저도 빼앗으려 하였습니다. 결국 주인은 악한 농부들을 진멸하고 그 포도원을 다른 농부에게 주었습니다. 이와 같이 하나님이 보내신 선지자와 독생자 예수 그리스도를 무시하고 능욕하고 죽이는 것이 종교 사상입니다.

악한 농부의 행위대로 살면 영원한 유황불이 기다립니다.

먹고 살기 위해 학습한 무당이 있듯이, 성령 충만 받지 못한 학습 목사도 있습니다. 그리스도의 가치를 모르는 목사는 악한 농부와 같습니다. 그리스도를 버린 교회는 코너스톤이 없는 건물과 같아서 어느 날 흔들리고 무너집니다.

건축자가 버린 모퉁잇돌, 악한 농부가 죽인 포도원 주인의 사랑하는 아들, 유대 종교가 버리고 죽인 예수 그리스도를 일인칭하는 교회만이 반석같은 교회로 든든히 세워져서 음부의 권세가 이기지 못합니다. 하나님이 주신 천국열쇠로 모든 어둠을 뚫어버리고 빛을 발하면 많은 사람을 옳은 데로 돌아오게 할 수 있습니다.

마가복음 12장 1~12절, 데살로니가후서 2장 11절, 요한계시록 2장 4절, 21장 8절,
마태복음 16장 16~20절, 다니엘 12장 3절

셋

코너스톤이신 예수 그리스도를 버리면 교회는 변질되고, 성도는 변종이 되어 무속과 주술, 사이비 종교 사상에 길들여져 무질서 속에서 흔들리고 무너집니다.

스스로를 속이지 마십시오. 하나님은 업신여김을 받지 아니하십니다.

육신으로 말미암아 연약하여 할 수 없는 그것을 하나님은 하시나니 독생자 예수 그리스도를 죄 있는 육신의 모양으로 보내어 우리를 율법의 눌림으로부터 해방시켜 주셨습니다. 이렇게 영원한 축복의 길이 있으니, 망하는 길을 따라가지 맙시다.

예수 그리스도는 어제나 오늘이나 영원토록 동일하십니다. 예수 그리스도 이름으로 자신과 환경, 사탄을 이기는 영적 싸움 속에 있으면 성삼위 하나님과 연결되어 사이비, 비진리를 이길 만큼 하나님의 힘을 받고 분별력과 판단력과 결단력이 생겨서 영원한 응답을 누리게 됩니다.

우리의 길이 되어주시는 예수 그리스도 이름으로 하나님이 주신 이정표를 따라가십시오. 죽음을 이기고 부활하신 예수님이 우리에게 주신 하나님의 미션, 감람산 언약을 마음에 품으면 하늘과 땅의 모든 권세를 가지고 모든 족속으로 제자를 삼아, 땅 끝까지, 세상 끝날까지 하나님이 함께 하시는 보좌의 축복을 누리게 됩니다.

마가복음 12장 1~12절, 갈라디아서 6장 7절, 마태복음 28장 18~20절, 마가복음 16장 15~20절, 사도행전 1장 8절

넷

탐욕과 쟁탈의 역사 속에 있었던 에돔과 호리 족속의 체질을 코너스톤 되신 예수 그리스도 이름으로 무너뜨리면 예수 그리스도의 십자가 사랑이 우리 몸에 머물러 정결케 됩니다. 예수 그리스도의 물과 피로 정결케 되면 우리 몸에서 그리스도의 심장이 뛰고 성령으로 호흡하여 새로운 피조물로 거듭나게 됩니다.

사탄의 속삭임에 속지 마십시오. '이만하면 충분하다'는 마귀의 말에 속지 말아야 합니다. 하나님은 '죽도록 충성하라'고 말씀하셨습니다.

마귀는 '변화하지 말라'고 속삭여서 옛 체질 그대로 살게 하지만, 하나님은 죽는 날까지 변화를 거듭하여 죄와 사망의 눌림에서 빠져나와 자유와 해방을 누리라고 말씀하십니다.

듣기는 들어도 깨닫지 못하고 보기는 보아도 알지 못하는 것은 더러운 귀신을 내어쫓는 영적 싸움을 하지 않기 때문입니다.

마귀의 일을 멸하는 영적 싸움이 없으면 입술이 부정한 사람이 되어 화가 임하게 됩니다. 주 예수 그리스도의 음성을 듣고 화답하십시오.

예수 그리스도께서 성령의 숯불을 우리 입술에 댈 때, 우리 악이 제하여지고 죄가 사하여져 정결함을 얻게 됩니다.

황폐해진 이 시대를 살리는 남은 자, 이 땅의 그루터기로서 사탄을 밟아버리는 영적 싸움을 통해 낡은 옷을 벗어버리고 정결함을 얻으십시오. 원죄의 사슬이 끊어지고 하나님과 연결되어 오늘보다 내일 더욱 빛나는 존재가 됩니다.

마태복음 27장 30, 46절, 빌립보서 2장 6~8절, 데살로니가전서 5장 17절, 2장 19절, 요한복음 20장 23절, 이사야 6장 5~13절, 마태복음 12장 28절, 요한계시록 3장 15절

성전의 거룩함을
변질시키는
종교적 물신주의

하나

무화과나무는 이스라엘을 상징합니다. 예수님이 왜, 아직 열매 맺을 철이 아닌데도 열매가 없다는 이유로 무화과나무를 저주하셨는지 질문해야 합니다.

올바른 질문 속에는 회복도 있고 하나님의 계획도 있습니다. 이스라엘이 망하지 않도록 왜 이 지경이 되었는지, 망하지 않는 길이 무엇인지, 예수님께 질문하는 것은 당연한 일입니다.

그러나 이 질문을 던지지 않은 이스라엘은 저주와 재앙이 임하여 후대들이 유리방황했으며, 이후 수많은 전쟁을 치뤄야 했습니다.

종교를 빙자한 물신주의에 매몰되어, 성전의 거룩성이 훼손된 이스라엘 성전에 들어가신 예수님은 돈 바꾸는 자들의 상을 엎으시고 채찍을 들어 쫓아내셨습니다.

교회는 불법을 저지르는 자들과 동맹을 맺어서는 안 됩니다. 빛과 어둠이 어찌 사귈 수 있겠습니까. 의와 불법은 함께 할 수 없습니다. 사도 바울은 불법을 행하는 자, 하나님을 믿지 않는 자와 멍에를 함께 메지 말라고 경고하였습니다.

교회는 하나님께 기도하는 집입니다. 더러운 소굴을 청소하여 하나님의 집으로 회복시켜야만 재앙이 멈춥니다. 하나님을 아는 지식이 없어 하나님이 없다 하는 어리석은 자들은 그 행실이 부패하고 가증하여 선을 행할 수 없습니다. 하나님을 아는 지식이 없으면, 하나님이 이스라엘을 버리신 것처럼 우리를 버려 제사장이 되지 못하게 하실 뿐 아니라 자녀들 또한 잊어버리신다 하셨습니다.

예수님이 모범으로 보이신 도전적인 믿음으로 혼돈과 공허와 흑암의 이 시대, 영적인 혼란에 대비하여 교회 안에 파고든 장사꾼 물신주의를 청소해야 합니다.

오늘부터 하나님을 아는 지식, 창세기 3장 15절의 메시아, 그리스도 이름으로 성전을 청결케 하는 도전적인 믿음으로 성령을 힘입어 우리 내면의 더러운 것부터 내어쫓으십시오. 그리하면 하나님의 나라가 임할 것입니다.

마가복음 11장 11~25절, 고린도후서 6장 14절, 시편 14편 1절, 호세아 4장 6절

둘

마음이 굳어 하나님의 말씀에 순종하지 않고 그리스도의 도를 비방하는 자들이 있습니다.

사도 바울 또한 다메섹 도상에서 그리스도를 만나기 전에는 그리스도인을 잡아다가 사자굴에 던질 만큼 살기등등한 핍박자였습니다. 그러나 그리스도를 만난 후 영적인 세계에 눈을 뜬 바울은 비진리로 인하여 분별력과 통찰력을 잃어버린 이 세상 사람들이 사탄의 권세 아래 놓여있음을 발견하게 되었습니다.

예수 그리스도 이름으로 혼미해진 정신을 치유하면 깨끗한 분별력이 옵니다. 가증스러운 내면은 숨기고 물신주의에 빠져 복음을 변질시키는 종교인을 향하여 예수님은 회칠한 무덤과 같다고 규정하셨습니다.

그리스도는 진리의 영이십니다. 세상은 능히 그리스도를 받지 못하여 보지도 못하고 알지도 못하나 우리는 그리스도를 압니다.

길이요 진리요 생명으로 오신 예수 그리스도를 안다는 것은 하나님 아버지를 알고 만나고 본 것입니다.

보혜사 성령 하나님 그리스도는 지금도 살아서 우리와 함께 계시며, 우리를 보호하시고 은혜 주시며 가르치시고 생각나게 하십니다.

교회가 불법과 결탁하여 불법에 동조하는 성도들에게 그 어리석음에서 벗어나도록 경고하지 아니하면 이 세상의 정사와 권세 잡은 자들이 성도와 교회를 무너뜨리려고 공격할 것입니다. 그러나 보혜사 성령 하나님은 살인의 광기를 가지고 달려드는 어둠의 주관자들로부터 성도와 교회를 보호하십니다.

진리의 영이신 그리스도 안에 있으면 우리로 하여금 성전의 거룩함을 변질시키는 물신주의에서 떠나 불법에 동조하지 않을 만큼 깨끗한 분별력과 통찰력을 주십니다. 이뿐아니라 서로 사랑하라는 예수님의 계명을 지킬 수 있을 만큼 은혜도 부어 주십니다.

사도행전 19장 9절, 26장 18절, 로마서 8장 9절, 요한복음 13장 34절, 14장 16~17절

셋

영적 혼란 시대를 대비해야 합니다. 그러기 위해서 몇 가지 준비가 필요합니다.

첫째, 이 세대를 본받지 말고 오직 마음을 새롭게 하여 변화를 받아 하나님의 기뻐하시고, 온전하신 뜻이 무엇인지 분별해야 합니다. 우리의 싸우는 무기는 육신에 속한 것이 아닙니다. 오직 어떤 견고한 진도 무너뜨리는 하나님의 능력입니다. 그리스도의 능력을 가지고 모든 이론과 하나님 아는 것을 대적하여 높아진 것을 다 무너뜨리고 모든 생각을 사로잡아 그리스도께 복종시키십시오.

둘째, 왜 우리가 교권과 교리에 길들여지지 말고 성경적으로만 가야 하는지 질문해야 합니다. 성전의 거룩함을 변질시키는 세속적 물신주의에 빠지지 않기 위함입니다.

셋째, 간교한 뱀의 머리를 밟아버린 창세기 3장 15절의 언약을 무시하고 조롱하는 짝퉁 교회에서 짝퉁 교인으로 살지 말고 예수님이 외식주의자, 바리새인들을 향하여 명하신 대로 내면에 각인된 더러운 것부터 내어쫓아야 합니다. 예수님은 눈에 보이지 않는 욕심쟁이, 살인의 영, 전쟁의 광기는 숨겨놓고 겉은 그럴듯하나 그 속은 온갖 더러운 것으로 가득한 서기관과 바리새인들에게는 반드시 화가 임할 것이라고 직접 경고하셨습니다.

넷째, 종말로 우리 주 예수 그리스도 안에서 그리스도의 능력으로 강건하여져서 악한 날에 마귀의 궤계를 능히 대적하고 모든 일을 행한 후에 바르게 서기 위하여 하나님의 말씀으로 전신갑주를 취해야 합니다. 그러면 직장에서 눈치보고 가정에서 무시당하는 짝퉁교인에서 벗어나 매력적인 그리스도인이 되어 복음을 전하는 전도자를 돕고 온 교회를 살리고 일으킬 만큼, 전문성의 축복과 경제의 축복이 임할 것입니다.

로마서 12장 2절, 고린도후서 10장 4~5절, 마태복음 12장 28절, 요한복음 8장 44절, 마태복음 23장 27절, 에베소서 6장 10~12절

넷

말과 혀로 사랑하는 것은 위선적인 정치인도 할 수 있고 광명한 천사로 가장한 목사도 할 수 있습니다. 그러니 말과 혀로만 사랑하지 말고 행함과 진실함으로 사랑합시다. 거룩한 동기로 하는 것인지 악한 동기로 하는 것인지 하나님은 알고 계십니다.

진리의 길을 갈 것입니까.
불법의 길을 갈 것입니까.

간교한 사탄을 밟으면서 갈 것입니까.
사탄에게 물리면서 갈 것입니까.

행함과 진실함으로 사랑하는 것은 사탄의 공격을 막는 방어선입니다. 창세기 3장 15절로 사탄을 밟는 행함이 있어야 하나님의 임재를 믿는 믿음으로 승리합니다.

우리 마음이 혹 우리를 책망할 일이 있을지라도 하나님은 우리 마음보다 크시고 모든 것을 아시므로 죄책감에 시달리지 말고 하나님의 시간표 안에서 무죄로 살아가십시오. 그리하면 하나님의 은혜와 감격으로 충만한 삶을 살게 됩니다.

만일 우리 마음이 책망할 것이 없으면 하나님 앞에서 담대함을 얻고 무엇이든지 구하는 바를 받게 됩니다. 이는 우리가 하나님의 계명을 지키고 하나님 앞에서 기뻐하시는 것을 행하였기 때문입니다. 우리 안의 연약함과 죄의 심각성을 인식하고 우리 마음을 죄책감으로 찝찝하게 만드는 방해꾼을 성령을 힘입어 내어쫓으십시오.

진리 안에 속한 하나님의 자녀이면 하나님 앞에서 담대함을 가지십시오. 그리스도 예수 안에서 영적 싸움을 통해 사랑의 삶을 살 때 사탄에 대한 방어선이 구축됩니다.

가치 있는 삶은 무엇이며 희망의 길은 어디에 있습니까. 예수 그리스도의 마음을 품고 희생과 겸손과 순종의 마음으로 나누어 주고 손잡아 주고 보호해 주는 사랑의 삶을 사는 것이 그리스도인의 가치 있는 삶입니다.

요한일서 3장 19~24절, 13장 34~35절, 마태복음 23장 27~28, 35, 12절, 6장 14~15절, 요한복음 14장 1절

다섯

바울의 복음이 지나간 터키는 무슬림이 되었습니다. 복음이 지나간 미국에는 각종 중독이 만연하여 사람들이 미쳐가고 있습니다. 찬란했던 유럽 교회들처럼 오늘날 하나님을 잘 믿는 것 같았던 한국교회도 황폐해졌습니다. 복음을 변질시킨 종교적 물신주의 때문입니다.

하나님의 선한 말씀과 내세의 능력을 맛보고도 타락한 자들은 하나님의 아들을 다시 십자가에 못 박아 드러내놓고 욕되게 합니다.

하나님의 아들, 그리스도가 있는 자에게는 생명이 있고 하나님의 아들이 없는 자에게는 생명이 없습니다.

하나님이 우리에게 주신 계명은 하나님의 아들 예수 그리스도 이름을 믿고 그 계명대로 서로 사랑하는 것입니다. 하나님의 계명을 지키면 우리가 우리 주 예수 그리스도 안에 거하고 우리 주 그리스도는 하나님 안에 거하시므로 우리에게 주신 성령으로 말미암아 하나님이 우리 안에 거하시는 줄을 우리가 알게 됩니다. 모든 죄를 도말하여 구원을 주시는 하나님의 끝없는 사랑, 하나님과 단절된 담을 허물어버리신 예수 그리스도의 사랑, 이 세상과 사탄을 능히 이기는 성령의 권능이 우리 몸에 임해야만 예수님의 십자가 죽음이 일인칭 되어 비로소 서로 사랑할 수 있습니다.

성령의 권능으로 사탄의 공격을 막는 방어선을 구축하여 하나님의 나라를 건설하십시오. 상실해버린 하나님의 나라를 회복하십시오. 도전적인 믿음으로 성전을 청결케 하면 하나님의 나라가 임합니다. 성령의 권능을 무시하고 모독하면 하나님과 단절됩니다.

성령의 권능을 인정하면 하나님은 미쁘시고 의로우사 우리 죄를 사하시며 모든 불의에서 깨끗하게 하십니다.

성령의 권능을 힘입어 하나님 나라를 회복하는 도전적인 믿음으로 사탄의 공격을 막는 방어선을 구축하면, 이 땅에는 하나님의 나라가 임하고 교회에는 갈등과 시험이 없으며 우리는 예수님의 모범을 따라 서로 사랑할 수 있습니다.

요한일서 5장 11-12절, 3장 18~24절, 마태복음 12장 28~31절,
골로새서 1장 13~14절, 요한일서 1장 9절

그리스도의 권위에 도전하는 종교 사상

하나

'네가 어디있느냐?'고 하나님이 물으실 때, 핑계 대고 회피하고 숨는 것이 종교 사상입니다. 예수님은 그리스도의 권위에 도전장을 던지는 유대 종교인들에게 '하나님의 일을 말해주지 않겠다'고 냉철하게 말씀하셨습니다.

그리스도의 유일성을 인정하지 않는 종교인이 되면 율법은 아는데 복음은 모르고 문제 속에서 해답을 찾지 못하며 위기가 찾아오면 갱신할 줄 모르고, 역발상을 할 수 없으며 쓸데없는 이념과 사상을 가지고 논쟁하다가 핑계 대고 책임전가합니다.

예수님을 향하여 '세상 죄를 지고 가는 하나님의 어린 양' 이라고 선포한 세례 요한을 인정하면 그리스도의 권위가 하나님께로부터 온 것임을 인정해야 하고, 부인하자니 세례 요한을 선지자로 믿는 이스라엘 군중이 무서워서 대답을 회피하는 종교인들은 욕망을 위해 하나님을 끌어다가 표적과 기사만 구할 뿐, 그리스도의 유일성을 인정하지 않습니다.

교회는 예수 그리스도의 유일성과 그리스도의 3중직을 인정하는 복음으로만 올바른 시작을 할 수 있습니다.

마귀의 일을 멸하는 왕권, 죄와 저주와 재앙을 끊어버리는 제사장권, 하나님 만나는 길을 열어준 선지자권을 인정하면, 무속이나 주술, 역술, 우상숭배, 귀신들림 속에 있는 불법 세력과 결코 타협하지 않습니다. 불법을 불법이라 말하고 진리를 진리라고 명확히 말하는 교회가 되어야 이리떼가 득실거리는 이 땅에서 성도들이 미혹 당하지 않습니다.

창세기 3장 15절 여자의 후손 메시아 그리스도라는 깨끗하고 분명한 복음의 색깔을 가져야 결단력과 통찰력이 옵니다.

마가복음 11장 33절, 요한복음 1장 29절, 마태복음 3장 17절, 마가복음 1장 1절, 누가복음 10장 3절

둘

동방의 의인 욥은 아들들이 '혹시' 범죄했을까 염려하여 그 아들의 명수대로 예배를 드렸습니다.

종교는 '혹시' 범죄할까봐 율법의 잔소리로 스스로를 억압합니다. 예수님은 자칭 하나님을 잘 믿는다고 하는 유대인 바리새인을 향하여, 원죄적 체질로 인해 사탄의 종노릇하는 더러운 것을 내어쫓는 영적 싸움이 없으면, 결코 죄사함이 없다고 경고하셨습니다. 율법적 종교 사상을 뽑아내는 영적 싸움이 없으면 결국 예수 그리스도를 부인하고 죽이게 됩니다.

예수님은 우리가 범죄한 것 때문에 십자가에서 생명을 내어주셨고, 또한 우리를 의롭다 하시기 위하여 살아나셨습니다. 이것이 복음입니다.

사망이 쏘는 것을 복음으로 바꿔야 합니다. 그렇지 않으면 율법으로 참소하고 고소하는 사탄의 손아귀에 잡혀 염려하는 그것과 무서워하는 그것이 몸에 그대로 나타납니다. 욥이 고통을 겪은 이유가 바로 여기에 있습니다. 우리가 아침에 눈뜰 때 혼미한 이유는 잠잘 때 가라지를 뿌리는 원수, 곧 사탄의 전략이라고 성경은 밝히고 있습니다.

하나님이 우리에게 주신 권능을 가지고 무능과 음란, 부정과 사욕, 악한 정욕과 탐심으로 가득찬 땅의 지체를 청소해 버리십시오. 지구상 바보 중 바보는 밥 먹으려고 몸부림치다가 죽는 사람입니다.

예수님은 전도하는 제자들에게 더러운 귀신을 내어쫓는 권위와 모든 약한 것과 병든 것을 고치는 그리스도의 권능을 주셨습니다.

그러므로 우리는 예수님의 제자들과 같이 그리스도의 권위를 가지고 본격적인 기도를 시작해야 합니다. 우리 인생을 덮고 있는 흑암을 뚫어버리면 땅 끝까지 그리스도의 증인 될 수 있을 만큼 전문성을 갖게 됩니다.

마태복음 13장 25절, 로마서 4장 25절, 고린도전서 15장 56절, 마태복음 12장 28~45절, 골로새서 3장 5절, 마태복음 10장 1절, 사도행전 1장 8절

셋

예수님의 사랑을 많이 받았던 사도 요한은 거짓 선지자가 세상에 많이 나왔으니 미혹의 영인지, 성삼위 하나님의 영인지를 분별하라고 부탁하였습니다.

하나님의 영을 받으면 예수 그리스도께서 육체로 오신 것을 시인합니다. 예수님이 그리스도이심을 시인하지 아니하는 영은 하나님께 속한 것이 아닙니다. 우리 기준과 주관으로 말하는 것이 적그리스도의 영입니다.

하나님의 영에 속한 우리는 그들을 이겼으므로, 두려워하지 말고 승리의 확신을 가져야 합니다. 우리 안에 계신 하나님은 세상보다 크시기 때문입니다.

하나님의 형상인 그리스도의 영을 받으면 혼미하지 않고 정확한 분별력과 판단력을 갖게 됩니다. 세상에 속한 말은 이념 전쟁, 사상 전쟁으로 분리시키는 거짓 교사들의 말로서 세속적으로 인기는 얻을 수 있으나 이는 어느 날 무너지게 될 바벨탑일 뿐입니다.

세상의 소리와 하나님의 소리를 분별할 수 있어야 배신과 갈등의 히스토리로 살지 않습니다. 진리의 영과 미혹의 영을 분별하는 기준은 오직 하나님의 말씀입니다. 하나님을 아는 우리는 미혹의 영과 진리의 영을 분별할 수 있습니다. 영을 다 믿지 말고 가증스러운 영, 광명한 천사로 가장하여 하나님의 일을 방해하는 거짓 영을 그리스도 이름으로 꺾어버리십시오.

보혜사 성령, 하나님의 능력으로 '사망아, 질병아, 무능아, 떠나가라'고 선포할 때 힘 있고 매력적인 그리스도인의 삶을 살게 됩니다.

요한일서 4장 1~6절, 고린도후서 4장 4절

넷

미혹의 영에 잡혀 알지 못하는 신에게 경배하는 것은 종교의식입니다. 아무리 성공자, 인격자여도 엄청난 교회당을 세운 목사일지라도 성령과 진리로 예배드리지 않으면 사탄이 심어놓은 운명의 굴레에서 벗어나지 못합니다.

사회질서를 유지하는 데는 종교가 필요할 수 있으나 종교사상으로는 나라와 사회와 개인의 재앙을 막을 길이 없습니다.

부서진 우리의 영이 회복되어 아픔과 상처의 기억들이 사라지고 새로운 생명의 숨결이 살아나는 것이 예배입니다.

하나님은 영이시니 성령과 진리로 예배드리십시오. 다윗 왕의 계보를 따라 말씀이 육신이 되어 우리에게 오신 그리스도와 연결되어 오직, 오로지 예수 그리스도께만 예배드리는 것이 성령과 진리 안에서의 진정한 예배입니다.

심각한 질병의 시대, 그리스도 이름으로 질병을 깨뜨리십시오. 약 먹는 만큼 그리스도 이름을 부르고 기도하면 치유의 능력이 나타납니다.

요한복음 4장 21~24절, 히브리서 12장 25절, 요한계시록 2장 10절

그리스도 이름을 빙자한 미혹의 영

하나

예수님이 우리의 주, 그리스도이심을 고백한 베드로의 믿음 위에 교회를 세우신 하나님은 우리에게 천국열쇠를 주셨습니다. 하나님이 주신 천국열쇠로 모든 장애물을 돌파하는 것이 진짜 신앙생활입니다.

그리스도 이름을 빙자하여 탐욕의 바벨탑을 쌓는 사람에게 미혹당하지 않도록 깨어 있으십시오. 교회는 사탄의 미혹을 받고 변질되어 복음이 아닌 주술로 '잘 될거야'라며 현혹하고 있고, 영적인 눈이 멀어버린 수많은 기독교인은 교회에 다니면서도 점과 굿에 의지하고 있습니다. 교회의 본질과 근본을 상실하면 하나님의 말씀이 변질되어 무속과 점술로 흑암이 덮쳐버린 솔로몬 성전과 스룹바벨 성전처럼 무너집니다.

예수님은 타락한 예루살렘 성전을 향하여 '돌 하나도 돌 위에 남지 않고 다 무너뜨려지리라'고 경고하셨습니다. 로마의 정치세력에 빌붙어서 헤롯이 지었던 거대 성전은 디도 장군에 의하여 AD 70년에 무너졌지만 아직도 유대인들은 통곡의 벽에서 울고 있습니다. 이렇게 마귀의 소리를 하나님의 음성으로 착각하게 만들어서 욕망과 탐심으로 성공만을 따라 살게 만드는 것이 바벨탑의 저주입니다.

교회의 본질은 박애나 구제, 신비가 아닙니다. 교회의 근본은 오직 성경이 증거한 그리스도입니다. 교회의 사명은 그리스도를 선포하여 성도의 영적 문제를 해결해주는 것입니다.

믿는 척, 은혜 받는 척, 스스로 속이지 마십시오. 그리스도 안에서 옛사람과 그 행위를 벗어 버리고 새사람을 입으십시오. 그리하면 우리의 심령이 새롭게 되어 하나님을 따라 의와 진리의 거룩함으로 지으심을 받은 매력적인 그리스도인으로 거듭납니다.

마가복음 13장 1~13절, 골로새서 3장 9~10절, 에베소서 4장 23~24절,
마태복음 16장 16, 20절

둘

악한 영에 미혹되지 않도록 깨어 있으십시오.

'의를 행하는 자는 그리스도의 의로우심과 같이 의롭고, 죄를 짓는 자는 마귀에게 속하나니 마귀는 처음부터 범죄함이라 하나님의 아들이 나타나신 것은 마귀의 일을 멸하려 하심이라'

인간 스스로에게 힘이 있는 것처럼 믿게 만드는 것이 주술이고 종교입니다. 종교화된 교회는 주술적 신앙으로 욕망의 바벨탑만 쌓다가 헤롯 성전처럼 어느 날 무너져버립니다. 이것이 오늘날 기독교인들이 유리방황하는 이유입니다.

인간에게는 근본적으로 힘이 없습니다. 성령을 받아서 성령의 일을 하든지 악령을 받아서 악령의 조종을 받든지 둘 중 하나입니다. 그러나 하나님은 예수 그리스도를 영접하고 믿고 고백한 우리를 위하여 멈추지 않고 일하십니다.

하나님은 흙으로 사람을 지으시고 그 속에 하나님의 생기를 불어넣으셨습니다. 하나님이 주신 생기가 없으면 인간은 하나님과 단절된 사망 상태에 이릅니다. 그래서 예수님은 우리를 향하여 '숨을 내쉬며 이르시되 성령을 받으라'고 말씀하신 것입니다.

생명의 생기인 성령이 우리 몸에 들어오면 영과 육에서 사망 권세가 떠나가고 죄로 인하여 죽은 몸도 그리스도의 영으로 인하여 살아납니다.

지금, 예수 그리스도께서 문밖에 서서 기다리십니다. 우리를 사랑하신 예수 그리스도를 영접하면 우리 안에서 생명의 생기인 성령이 작동하여, 하나님의 형상이 나타나서 은혜와 진리로 충만해집니다.

창세기 2장 7절, 요한복음 20장 22절, 로마서 8장 10절,
요한복음 3장 16절, 1장 12~14절, 로마서 8장 2절, 요한일서 3장 8~9절,
요한계시록 3장 20절, 사도행전 5장 42절, 2장 17절

셋

누구든지 하나님을 사랑한다고 하면서 형제를 미워한다면 이는 거짓말입니다. 하나님은 사랑의 본질이시기 때문에, 우리가 서로 진심으로 사랑할 때에 하나님의 계획이 우리를 통해 완성됩니다.

우리를 먼저 사랑하신 예수 그리스도의 이름으로, 우리 삶에 발작 증세를 일으키며 공격하는 사탄의 머리를 깨뜨리는 영적 싸움이 있어야만 비로소 서로의 허물을 덮어주는 온전한 사랑을 이룰 수 있습니다.

우리가 사랑한다고 말하면서도 실제로 사랑하지 못하고, 사랑한다고 하면서 미혹에 빠지는 이유는 영적 싸움의 계명을 지키지 않기 때문입니다.

만왕의 왕이신 그리스도의 이름으로 옛 뱀의 머리를 깨뜨리는 영적 싸움을 통해서만, 우리를 사랑하시는 하나님께서 우리 안에 거하심을 느낄 수 있습니다. 아담과 하와는 하나님의 낯을 피하여 숨었고 하나님과 단절되었을 때 두려움이라는 근본 문제에 빠졌습니다. 이 근본 문제의 해결책은 간교한 뱀의 머리를 깨뜨리신 하나님의 아들 예수 그리스도께서 우리의 대속주가 되어 다시 하나님과 연결되게 하는 것입니다.

창세기 3장 15절의 말씀과 같이 하나님과 연결되지 않으면 두려움에 빠지게 되고, 그 두려움은 결국 형벌로 이어집니다. 그러나 두려움을 내어쫓는 하나님의 온전한 사랑이 우리 안에 거하시면 세상에서도 담대함을 누릴 수 있습니다.

하나님 아버지께서 그의 아들 예수 그리스도를 세상의 구주로 보내신 이유는 우리를 사랑하시기 때문입니다. 그러므로 우리의 사명은 오직 그리스도 예수께서 우리의 주 되심을 전파하고, 예수님을 위해 서로 섬기며 헌신하고 양보함으로써 예수님의 종이 된 것을 삶으로 나타내는 것입니다.

우리의 삶을 도둑질하고 파괴하려는 옛 뱀의 머리를 깨뜨린 창세기 3장 15절의 하나님의 약속이 우리 몸과 영혼에 각인되고, 뿌리내리며 체질화될 때 비로소 우리의 영성과 지성과 감성이 회복되어 사랑과 희락과 화평과 오래 참음과 자비와 양선과 충성과 온유와 절제의 열매를 풍성하게 맺을 수 있습니다.

요한일서 4장 12~20절, 갈라디아서 5장 22~23절, 요한복음 8장 44절,
이사야 53장 5절, 마태복음 10장 1절, 누가복음 10장 19절, 13장 16절,
창세기 6장 1~3절, 3장 10절, 고린도전서 4장 5~6절

넷

예수님은 자칭 하나님을 잘 믿는다고 하는 유대인을 향하여 '마귀의 자식들'이라고 진단하셨습니다. 진리를 말해도 듣지도 않고 깨닫지도 못하는 것은 종교적 체질이었기 때문입니다.

'너희는 너희 아비 마귀에게서 났으니 너희 아비의 욕심대로 너희도 행하고자 하느니라 그는 처음부터 살인한 자요 진리가 그 속에 없으므로 진리에 서지 못하고 거짓을 말할 때마다 제 것으로 말하나니 이는 그가 거짓말쟁이요 거짓의 아비가 되었음이라'

간교한 뱀의 머리를 밟아버린 창세기 3장 15절의 언약을 놓친 하나님의 아들들이 사람의 딸들의 아름다움을 보고 자기들의 눈에 보이는 대로 아내를 삼아 육신적인 일과 말에만 미혹되는 것이 네피림 세상입니다. 그 결과는 홍수 재앙이었습니다.

영적인 예배를 잃어버린 우물가의 여인과 연속적인 실패 가운데 간음한 여인은 어둠의 길을 걸었지만, 예수 그리스도를 만나 하나님이 원하시는 예배를 회복하는 순간 총체적 치유가 시작되었습니다.

두려움과 답답함이 몰려올 때, 간교한 뱀의 머리를 밟아 버리신 예수 그리스도 이름을 선포하고 내어쫓으십시오. 세상에서 환란을 당하나 담대하십시오. 예수 그리스도는 십자가로 세상을 이기셨습니다.

예수님은 십자가 보혈과 사랑의 못 자국으로 우리를 하나님과 연결시키셨습니다. 예수 그리스도의 피 묻은 손을 병든 곳에 얹고 그리스도 이름으로 기도하면 치유의 증거가 나타납니다. 흑암과 공허와 혼돈으로 희미했던 길은 예수 그리스도의 십자가 보혈의 길로 명확해집니다.

예수 그리스도께서 뱀과 전갈을 밟아버리며 원수의 모든 능력을 제어할 권세도 주셨으니 모든 것을 돌파하는 영적 싸움 가운데 있으면, 우리 주 예수 그리스도의 능력으로 강건하여져서 사탄에게 매인 바 된 개인의 문제와 가문의 문제, 영적인 문제가 풀어지는 총체적 치유를 증거로 소유하게 됩니다.

창세기 6장 1~7절, 요한복음 8장 44절, 4장 24절, 16장 33절, 창세기 1장 2절, 누가복음 10장 19절, 에베소서 6장 10절

이기적 종교인의 곁을 떠나시는 예수 그리스도

하나

허송세월을 보내게 만드는 육신적 기질과 운명적 체질, 이기적 고집불통, 사람에 대한 집착을 버리고 하나님의 말씀과 언약적 관계를 맺읍시다.

그리하면 그리스도의 유일성과 당위성, 예배의 중요성을 알고 복음의 본질을 체험하여 변질이 아닌, 변화의 축복을 누리게 됩니다.

구약의 영웅들은 메시아 사상을 소유하였고 신약의 증인들은 그리스도의 당위성과 절대성으로 결론내렸습니다. 초대교회 제자들은 수많은 고통과 좌절, 실패와 약점에도 불구하고 하나님의 무한한 배경 속에서 시공간을 초월하는 하나님의 능력을 믿고 기도의 비밀 속으로 들어감으로써 놀라운 인생 작품을 남겼습니다.

우리는 이제, 여호와 하나님의 소유가 되었습니다. 하나님이 우리를 구별하여 열방에 복음을 전할 선지자로 택하셨으니 어떤 상황 속에서도 두려워하거나 포기하지 맙시다.

하나님은 우리의 허물을 기억하지 아니하시며 우리의 죄를 도말하시는 분이십니다. 틀린 생각을 가져다주는 마귀의 일을 멸하는 것이 하나님께 순복하는 것입니다.

모세는 40년 허송세월을 보낸 후 여호와 하나님께 순복하고 출애굽의 사명을 깨달았습니다.

이기적이고 육신적인 체질을 뽑아내기 위한 하나님의 큰 그림 속에서 야곱은 20년을 종살이하며 세월을 보냈습니다. 허송세월을 보내게 만드는 사탄적 욕망과 육신적 기질을 뽑아버리는 영적 싸움의 의무를 다하는 것이 하나님의 뜻에 순종하는 믿음입니다. 하나님께 순복하면 하나님의 큰 그림 안에서 아름다운 변화의 축복을 누리게 됩니다.

예레미야 1장 5절, 이사야 43장 1~2절, 43장 24절, 야고보서 4장 7절

둘

죽은 자를 살리시고 눈먼 자를 보게 하시며 귀머거리를 듣게 하시고 문둥병을 낫게 하시며 중풍병자를 일으키신 분이 바로 예수 그리스도이십니다.

오늘날 교회는 오병이어의 기적만을 바랄 뿐, 보리떡 다섯 개와 물고기 두 마리로 오천 명을 먹이고 남을 만큼 기적을 일으키신 분이 도대체 누구신가 하는 질문에는 별로 관심이 없습니다. 그러나 오병이어의 기적을 일으키신 예수 그리스도가 누구신지 정확하게 알아야 만족도 있고 헌신도 할 수 있습니다.

예수 그리스도 이름으로 육신적 기준에 따라 잘못 각인된 것들을 깨뜨릴 때, 그분이 누구신지 비로소 알게 됩니다.

알파와 오메가이신 창조주 하나님은 곧, 동정녀 마리아의 태를 빌려 이 땅에 오셔서 오병이어의 기적을 일으키신 예수 그리스도십니다. 예수 그리스도는 우리의 죄를 대신하여 십자가에서 죽으시고 사흘 만에 부활하셔서 지금은 보혜사 성령 하나님으로 우리와 함께 하시는 삼위일체 하나님이십니다.

그리스도 안에 있으면 성령이 강림하여 우리의 능력이 약한 데서 온전하게 됩니다. 그리스도 안에서 그리스도의 능력이 우리 몸에 그리스도의 능력이 머물러야 배신 없이 만족하며 언약의 여정을 따라 갈 수 있습니다. 성령의 능력을 힘입어 만족을 빼앗아 가는 사탄의 일을 무너뜨리십시오. 약점 때문에 숨어있지 말고 실수를 발판 삼아 그리스도 이름 부르십시오.

그리하면 새 힘과 희망을 얻고 새로운 시작이 임하여 세계 앞에 기념비적인 작품을 남기게 됩니다.

고린도후서 12장 9절, 요한계시록 21장 6~8절

호산나, 예수 그리스도의
승리를 찬양하라

하나

맞은편 마을로 들어가서 아직 아무도 타보지 않은 나귀를 가져오라고 제자들에게 명하신 예수님은 왜 이러느냐 묻거든 '주가 쓰시겠다 하라, 그리하면 즉시 이리로 보내리라'고 말씀하셨습니다.

오시겠다고 약속하신 메시아, 왕으로 오실 그리스도를 가슴에 새겨놓고 기다리고 있었던 나귀 주인은 주 예수 그리스도의 음성을 들었습니다. '시온의 딸아 크게 기뻐할지어다 예루살렘의 딸아 즐거이 부를지어다 보라 네 왕이 네게 임하시나니 그는 공의로우시며 구원을 베푸시며 겸손하여서 나귀를 타시나니 나귀의 작은 것 곧 나귀 새끼니라'

그리스도의 예언을 알고 예언의 성취자를 기다렸던 나귀 주인이 나귀를 키워야 할 이유를 알고 있었듯이 우리 자신이 그리스도와 연결되어 있어야만 호산나, 찬양하며 기뻐해야 할 이유를 알게 됩니다.

구원의 주, 호산나, 예수 그리스도를 찬양하십시오. 이유도 모르고 '호산나', '예수님', '주여' 외치면 어느 날 예수 그리스도를 십자가에 못 박아버릴 만큼 이상하고 완악한 종교인으로 전락합니다.

그러나 창세기 3장 15절에 예언된 여인의 후손 메시아는 왕권, 제사장권, 선지자권을 가지신 그리스도이심을 알고 우리 자신과 연결하여 호산나로 화답하면 마귀의 일을 멸하신 만왕의 왕, 사망의 벽을 뚫어 생명을 주신 참 제사장, 생명의 빛, 하나님 만나는 길로 오신 참 선지자, 예수 그리스도께서 보혜사 성령 하나님으로 세상 끝날까지 우리와 영원토록 함께하십니다.

마가복음 11장 1~10절, 스가랴 9장 9절, 마태복음 28장 20절

둘

하나님은 구원의 주, 예수 그리스도 안에 있기만 하면 땅 끝까지 증인이 될 만한 확실한 증거를 조건 없이 주시겠다고 약속하셨습니다.

창세기 3장 15절, 우리의 구원자, 그리스도의 이름으로 사탄의 머리를 밟아버리지 않으면, 차지도 않고 뜨겁지도 않은 종교인이 되어 하나님이 뱉어버리십니다.

성령의 권능을 힘입어 유혹의 욕심을 따라 썩어져 가는 구습을 따르는 옛사람의 체질, 스스로 의롭다 하지만 잎사귀처럼 시들어버려서 죄악이 바람같이 몰아가는 종교적 기질을 내어버릴 때, 비로소 하나님의 자녀로서 하나님이 주신 신분과 권세로 살아갈 수 있습니다.

문밖에 서서 기다리시는 예수 그리스도께 문을 열어 영접하면 비로소 우리 몸에서 그리스도의 심장이 뛰게 됩니다. 마귀가 길들여놓은 단단한 자아를 깨뜨리십시오. 그리하면 구원의 주, 그리스도께서 우리의 주인이 되어주십니다. 호산나, 승리를 주시는 우리 주, 예수 그리스도께서 주인이 되면 기쁨과 감사가 회복됩니다.

'항상 기뻐하라.' 자신에게 먼저 그리스도를 선포하는 전도가 회복되어야 기쁨이 옵니다. '쉬지 말고 성령 안에서 기도하라' 자신의 영혼을 깨워 일으켰던 다윗의 기도처럼 자신에게 일어나 걸으라고 명령하여 왕 같은 제사장의 체질로 바꾸십시오. 그리하면 범사에 감사할 수밖에 없는 승리의 증거를 가지고 땅 끝까지 복음을 전하는 그리스도의 증인이 됩니다.

사도행전 1장 8절, 에베소서 4장 22절, 이사야 64장 6절, 요한계시록 3장 16, 20절,
갈라디아서 2장 20절, 베드로전서 2장 9절, 데살로니가전서 5장 16~18절,
요한계시록 3장 15절

셋

자아는 자신의 의지로 절대 통제되지 않습니다. 마귀에게 걸려든 자아는 그리스도 권세 아니고는 통제할 수 없기 때문입니다. 오직 빛으로 오신 예수 그리스도 이름으로 어둠에 잡힌 자아를 깨뜨려야만 자아를 통제할 수 있습니다. 그러나 예수 그리스도와 연결되어 있지 않으면, 지위를 막론하고 자아를 통제할 수 없어 어리석은 자로 전락합니다.

성삼위 하나님이 그리스도십니다. 태초의 말씀이 하나님이시고, 말씀이 우리 가운데 오신 예수님이 하나님이시며, 부활하신 예수님이 성령 하나님이십니다.

성삼위 하나님, 그리스도가 우리 영혼에 없으면 두려워하는 자, 믿지 않는 자, 흉악자, 살인자, 음행하는 자들, 점술가들, 우상숭배자들과 거짓말하는 자들처럼 불과 유황으로 타는 못에 던져져 둘째 사망에 이르게 됩니다.

진리를 거슬러 분쟁을 일으키거나 거치게 하는 자들은 우리 주 그리스도를 섬기지 아니하고 다만 자기들의 배만 섬기면서 교활한 말과 아첨하는 말로 순진한 마음을 속입니다. 이들에게 속으면 매일 하나님의 임재, 성삼위 하나님이 함께 하심을 실감하지 못하게 되고 결국 갈등에 걸려들게 됩니다.

갈등을 일으키는 마귀를 아비로 두면 제 아비의 욕심대로 행하여 진리가 그 속에 없으므로 진리에 서지 못하고 거짓을 말할 때마다 제 것으로 말하는 거짓말쟁이로 살아갑니다. 그러나 성삼위 하나님, 그리스도가 우리의 주인이 되면 가만히 있어도 하나님이 그리스도 예수 안에서 영광 가운데 그 풍성한 대로 모든 쓸 것을 채워주십니다.

요한복음 8장 12절, 44절, 1장 1~3절, 14절, 요한계시록 21장 8절, 갈라디아서 2장 20절, 빌립보서 4장 19절

넷

목사 개인에게도 답이 없고 성도에게도 답을 주지 못하는 이 시대의 교회는 여론에 따라 세속적인 정치 사회와 결탁하거나 사이비로 가서 힘을 잃고 문을 닫고 있습니다.

하지만 언약의 이정표를 따라가는 교회와 하나님의 섭리로 작정되어 영적 싸움이 체질이 된 성도는, 환란이 들이닥쳐도 베니게와 구브로와 안디옥까지 흩어져 하나님의 말씀을 전할 만큼 흔들리지 않습니다.

어둠에서 빛으로, 사탄의 권세에서 하나님께로 나아온 하나님의 자녀로서 무리 가운데 하나님의 거룩한 기업을 얻어 미래를 바라보는 비전을 가지고 현장에서 제자를 찾아 교회에서 함께한 것이 초대교회에 임한 성령의 역사입니다.

사도 바울이 두 해 동안 집에 머물며 자기에게 오는 모든 사람을 영접하여 하나님의 나라를 전파하며 주 예수 그리스도에 관하여 담대하게 거침없이 가르칠 때 금하는 자가 없었듯이, 이 시대의 흐름을 타고 복음 전하는 우리를 막을 자 없습니다.

우리가 누려야 할 응답은 로마의 정권과 핍박, 교권과 사이비를 이겨 승리하는 비밀, 로마서 16장 20절의 주인공이 되는 것입니다. 평강의 하나님께서 속히 사탄을 우리 발아래 상하게 하실 것을 믿는 믿음으로 우리 주 예수 그리스도의 은혜가 임한 로마서 16장 주역제자들은 흔들리지 않는 비밀, 영원한 응답과 연결되는 비밀을 가졌습니다.

영적 사실에 눈을 뜨고 영적 싸움의 비밀을 알면 하나님의 계획을 보고 하나님의 말씀으로 역발상하여 자신의 생각을 하나님의 말씀으로 바꾸는 제자, 생명의 열매를 맺는 그리스도인이 됩니다. 옛사람의 자아를 버리는 영적 싸움으로 자기 십자가를 지고 그리스도를 따라가는 복음 체질이 되면 한계를 초월할 수 있는 성령 충만한 힘이 임하여 위기를 복음 전할 기회로 바꿔, 가는 곳마다 만남의 축복을 누리게 됩니다.

사도행전 1장 1~8절, 11장 19절, 13장 48절, 로마서 16장 17~20절,
사도행전 28장 30~31절

다시 오실
우리 주,
예수 그리스도의
권능과 영광

하나

'그 때에 사람이 너희에게 말하되 보라 그리스도가 여기 있다 보라 저기 있다 하여도 믿지 말라'

다시 오실 우리 주, 예수 그리스도를 기다리는 성도의 자세에 대하여 예수님은 '미리' 말씀해 주셨습니다. 거짓 그리스도인들과 거짓 선지자들이 일어나서 할 수만 있다면 하나님이 택하신 백성을 미혹할 것이기 때문입니다.

그리스도는 하나님의 형상입니다. 이 세상 신이 믿지 아니하는 자들의 마음을 혼미하게 하여 그리스도의 영광의 복음의 광채가 우리에게 비춰지 못하게 합니다. 세상은 그리스도를 능히 보지도 못하고 알지도 못하나 그리스도는 우리 안에 계신 진리의 영이시며 영원토록 우리와 함께 계시는 보혜사 하나님이십니다.

어마어마한 환란이 닥칠 때, 그리스도 안에 있는 권위와 권능으로 우리의 심령을 죽이고 멸망시키는 대적자를 깨뜨려야 합니다. 그리스도의 영광이 우리와 함께 하시는 데도 의식주 문제에 잡혀 쟁쟁거리게 만드는 사탄의 머리를 밟아버리십시오. 광명한 천사로 위장하여 믿는 척, 되는 척, 응답받는 척하다가 무거운 짐을 지고 정신적 육신적 질병에 시달리게 만드는 마귀의 일을 산산이 무너뜨리십시오.

환란 날에 영적인 기도, 영적 싸움이 없으면 우는 사자 같이 두루 삼킬 자를 찾아다니는 사탄에게 미혹되어 행위가 부패하고 소행이 가증하여 선을 행하지 않고 결국은 하나님이 없다 하면서 하나님 곁을 떠나버립니다. 그러나 하나님이 우리에게 위임하신 예수 그리스도의 권위와 영광을 소유하여 마음껏 누리면 죄의 눌림이 사라지는 전무후무한 응답 속에서 만사형통을 누리게 됩니다.

마가복음 13장 14~23절, 고린도후서 4장 4절, 요한복음 14장 16~17절, 베드로전서 5장 8절, 시편 14편 1절

둘

착하다고 구원받는 것이 아니고 성공한 엘리트라고 해서 재앙을 피해 가는 것도 아닙니다. 더욱이 십자가를 걸어놓았다고 해서 다 교회가 아닙니다.

십자가를 목에 걸고 웃으면서 인사하고 뒤에서는 악을 행하는 거짓 선지자를 따라다니다가 멸망 받는 이 시대, 하나님의 뜻이 이루어지는 곳에 있으면 몸부림치지 않아도 하나님의 뜻이 이루어집니다.

우리를 향한 하나님의 뜻은 하나님이 우리에게 주신 예수 그리스도, 그 이름을 우리의 구원자로 인정하고 영접하여 멸망치 않고 구원을 누리는 것입니다.

사도 바울은 율법의 무거운 짐을 지고 몸부림치는 과정에서 병에 시달리고 땅에 엎어졌지만, 그리스도의 능력이 그 안에서 머물게 하려는 하나님의 뜻에 따라 약한 데서 오히려 온전해지는 큰 기쁨을 누렸습니다. 바울이 오직 자랑한 것은 자신은 날마다 죽고 그리스도께서 사는 것이었습니다. 자신의 고통을 축복의 발판으로 바꾸었던 사도 바울의 역발상은 많은 괴로움을 헛되이 받지 않는 믿음에서 시작되었습니다.

죄의 권세가 끊임없이 미혹하여 원하는 바 선은 행하지 아니하고, 오히려 원치 않는 악을 행하였던 사도 바울의 율법적 종교 생활의 결과는 사탄의 가시에 온몸을 찔려 질병으로 시달리는 것이었습니다. 그러나 예수 그리스도의 권위와 영광의 빛 앞에 무릎을 꿇고 그리스도와 임마누엘로 동행하며 그리스도 이름으로 사탄의 권세를 꺾어 버렸을 때, 비로소 바울은 절대 불가능의 현장에서 절대 가능한 응답을 누리게 되었습니다.

요한복음 3장 16절, 갈라디아서 3장 4절, 고린도전서 12장 9~10절,
로마서 7장 17~19절, 사도행전 9장 3~15절

셋

순간 우리의 심령을 죽이고 빼앗는 존재, 우리 몸에 원죄적 DNA로 이미 와 있는 가문의 저주, 죽기를 무서워하는 두려움 가운데, 종교를 찾아다니고 무속과 점술을 찾아다니게 하는 존재, 사망의 세력을 잡고 흔드는 마귀를 멸하시기 위하여 구원의 주, 메시아로 오신 예수 그리스도는 재림의 주로 다시 오시겠다고 약속하셨습니다.

이 환란의 시대에 그리스도의 방패가 없으면 삼킬 자를 찾아다니며 쏘아대는 마귀의 불화살을 막을 수 없습니다. 그러나 재림의 때를 대비하여 우리를 능히 견고케 하실 우리 주 예수 그리스도의 영이 우리 안에 거하시면 그 누구도 우리를 해칠 수 없습니다.

그리스도, 그 이름 안에는 우리와 함께 동행하시는 임마누엘 하나님, 우리와 하나되기를 원하시는 원네스의 하나님이 있습니다. 고통스러운 환경 속으로 밀어 넣어서 운명적 재앙으로 끌고 들어가는 마귀의 종노릇에서 벗어나라고 예수 그리스도가 우리에게 오신 것입니다. 영세 전에 감추어진 하나님의 비밀, 여자의 후손, 예수 그리스도를 우리의 주로 일인칭해야만 그리스도의 능력이 나타납니다.

그리스도 영이 없으면 그리스도의 사람이 아닙니다. 재림의 주로 오실 그리스도의 권능과 영광이 그리스도의 영으로 함께하시기를 기도하십시오. 근본 하나님의 본체시나 종의 형체를 가지고 낮고 천한 사람의 모양으로 나타나셔서 십자가에서 죽기까지 복종하신 예수 그리스도의 영, 성령의 권능으로 충만하면 땅 끝까지 그리스도의 증인이 되는 축복을 누립니다.

로마서 16장 25~26절, 8장 6~9절, 에베소서 6장 13~16절, 베드로전서 5장 8절, 빌립보서 2장 6~10절, 사도행전 1장 8절

넷

구원의 주, 예수 그리스도를 영접하십시오. 그리하면 성령께서 내주하시고 인도, 역사하십니다. 예수 그리스도 이름으로 기도하십시오. 반드시 응답하십니다.

창세 전부터 온 천하를 꾀는 존재, 이 세상 신이 가문을 타고 우리에게까지 왔으니, 그리스도 이름의 능력을 힘입어 내어쫓으십시오. 그리하면 시공간을 초월하시는 하나님께로부터 전무후무한 하나님의 힘을 받아 열방의 왕 앞에 서게 됩니다. 마음과 생각 속에 찾아오는 두려움을 그리스도 이름으로 쫓아내는 것이 영적 전쟁입니다.

왕의 권위를 위임받았으니 마귀의 일을 멸하십시오. 제사장의 직분을 받았으니 예수 그리스도 십자가 사랑을 본받아 겸손과 섬김의 도를 행하십시오. 어둠에서 우리를 불러내어 기이한 빛으로 인도하신 그리스도를 소유하면 세상 끝 날까지 창조주 하나님이 우리와 함께 하십니다.

하늘의 시민권을 받은 하나님의 자녀는 모든 시간과 만남과 장소 가운데 천군천사의 보호를 받습니다. 왕같은 제사장으로 부름 받은 우리가 하나님이 주신 사명을 품고 온 천하 만민에게 원색적인 복음을 전파하면, 가는 곳마다 총체적 치유가 일어납니다.

요한복음 1장 12절, 마태복음 28장 18~20절, 베드로전서 2장 9절

다섯

창세로부터 찾아온 근본 문제를 모르면 간교한 뱀의 머리를 밟아버린 창세기 3장 15절의 언약을 왜 적용해야 하는지 이유도 모른 채, 개인과 가문에 찾아오는 문제를 해결해 보려고 몸부림치다가 율법과 규례에 눌려 질병에 시달리거나 여론에 휩쓸려 교회를 떠나버립니다.

우리는 예수님의 십자가 보혈의 은혜로 율법과 규례, 전통을 뛰어넘어 창조주 하나님의 성소에 들어갈 담력을 얻었습니다. 예수님은 우리를 거스르고 불리하게 하는 법조문으로 쓴 증서를 십자가에서 못 박으시고 도말하시고 제하여 버리심으로써 십자가로 승리하셨습니다. 땅이 진동하고 바위가 터져버리며 휘장이 위아래로 찢어지는 그리스도의 임재가 우리 몸에 임하게 되었으니 율법과 규례에 눌리거나 근심할 필요가 없습니다.

묵은 옷을 벗어버리고 어린 양으로 오신 예수 그리스도의 옷을 입으십시오.

사도 바울은 율법이 신령한 것은 알고 있으나 하나님을 떠나, 죄 아래 팔려 원하는 것은 행하지 아니하고 도리어 미워하는 그것을 행하게 된 것이 육체 안에 거하는 죄임을 깨닫게 되었다고 고백했습니다. 그의 고백처럼 우리도 율법과 규례에 눌린 모든 죄의식과 우울증, 고독과 분노를 끊어버리고 그리스도 예수 안에 있는 생명의 성령의 법으로 죄와 사망의 법에서 자신을 해방시켜야 합니다.

우리가 전에는 말 못하는 우상에게 끌려다니다가, 하나님께로부터 온 영을 받아서 예수님을 우리의 주, 그리스도라 시인하게 되었으니 이로써 하나님과의 관계가 회복되어 구원의 축복을 누리게 되었습니다.

복음을 부끄러워하지 마십시오. 복음은 말로만 우리에게 이른 것이 아니라 오직 능력과 성령과 큰 확신으로 된 것입니다. 낙망하지도 말고 불안해하지도 마십시오. 자신에게 그리스도를 선포하고 하나님의 타이밍을 기다리면 모든 구원과 소망이 우리 속에 잠잠히 스며듭니다.

예수 그리스도를 믿는 믿음 안에 있는 사랑의 수고와 소망의 인내를 소유한 우리는 믿음의 영웅입니다.

누가복음 9장 23절, 창세기 3장 21절, 히브리서 10장 19절, 골로새서 2장 15절,
마태복음 27장 51절, 데살로니가전서 1장 5절, 고린도전서 12장 2~3절,
로마서 7장 14~17절, 8장 2절

편집장의 글

영혼이 아름다운 작가 한강은
과거가 현재를 살릴 수 있는지
죽은 자가 산 자를 살릴 수 있는지 질문하였다.

성경에 기록된 과거의 스토리는 현재의 우리를 살린다.

이천 년 전, 예수님의 십자가 죽음은
현재의 우리에게 생명을 주었다.

이토록 혼탁한 시대
살아서 역동하는 이 책의 메시지가
어둠을 밝힐 지혜가 되기를 간절히 소망한다.

2025년 4월 5일.
네피림 세상의 카오스에 마침표를 찍어주신 하나님께 감사하며
편집장 올림.

더 위즈덤 메시지

지은이 김서권
1판 2쇄 발행일 2025년 4월 21일

발행처 도서출판 HIM
발행인 김서권
편집 김유순, 고은비, 김정아, 최우림, 성민근, 유재언
표지·편집 디자인 진성현
기획 및 홍보 이명석

등록번호 제 22 - 3166호
등록일자 2007년 7월 26일
137-074 서울시 서초구 서초중앙로24길 55 중앙서초프라자 202호
Tel 02-594-9101 / Fax 02-537-8771

저작권자 ⓒ 2025 HIMBOOKS
이 책의 저작권은 HIMBOOKS에게 있습니다.
저자와 출판사의 허락 없이 내용의 일부를 인용하거나 발췌하는 것을 금합니다.

ISBN 979-11-992229-0-8 (03230)

독자의견 전화 02-594-9101
이메일 LMS2121@gmail.com

이 도서의 국립중앙도서관 출판예정도서목록(CIP)은 서지정보유통지원시스템 홈페이지
(http://seoji.nl.go.kr)와 국가자료종합목록 구축시스템(http://kolis-net.nl.go.kr)에서 이용
하실 수 있습니다. (CIP제어번호 : CIP2020004157)